嶺南史料筆記叢刊

粵行紀錄

〔清〕俞思穆 著 倪俊明 點校

南方傳媒 廣東人民出版社

·廣州·

圖書在版編目（CIP）數據

粵行叢録／（清）俞思穆著；倪俊明點校. —廣州：廣東人民出版社，2023.12

（嶺南史料筆記叢刊）

ISBN 978-7-218-17200-2

Ⅰ．①粵… Ⅱ．①俞… ②倪… Ⅲ．①筆記—中國—清代—選集 ②地方史—史料—廣東—清代 Ⅳ．①K249.066 ②K296.5

中國國家版本館 CIP 數據核字（2023）第 248505 號

Yuexing Conglu

粵行叢録

[清] 俞思穆 著 倪俊明 點校

出 版 人：肖風華

叢書策劃：夏素玲
責任編輯：饒栩元
責任技編：吳彥斌
封面題字：戴新偉
封面設計：Amber Design 琥珀視覺

出版發行：廣東人民出版社
地　　址：廣州市越秀區大沙頭四馬路 10 號（郵政編碼：510199）
電　　話：(020) 85716809（總編室）
傳　　真：(020) 83289585
網　　址：http://www.gdpph.com
印　　刷：恒美印務（廣州）有限公司
開　　本：889mm×1194mm　1/32
印　　張：3.625　**插　頁**：1　**字　數**：71.1 千
版　　次：2023 年 12 月第 1 版
印　　次：2023 年 12 月第 1 次印刷
定　　價：68.00 元

如發現印裝質量問題，影響閱讀，請與出版社（020-85716849）聯繫調換。
售書熱綫：(020) 87716172

《嶺南史料筆記叢刊》凡例

　　一、"嶺南史料筆記"是與嶺南這一特定區域有關的筆記體著作，隨筆記録、不拘體例，是瞭解和研究嶺南地區歷史文化的珍貴資料，能補史之闕、糾史之偏、正史之訛。

　　二、《嶺南史料筆記叢刊》（以下簡稱《叢刊》）收録之"嶺南史料筆記"，包括歷史瑣聞類、民俗風物類、搜奇志異類、典章制度類，不收今人稱爲小説的單篇傳奇及傳奇集，包含嶺南籍人所撰史料筆記及描寫嶺南地域之史料筆記。

　　三、筆記創作時間以 1912 年以前爲主，兼收民國時期有價值的作品。

　　四、《叢刊》採用繁體橫排的形式排版印刷。

　　五、整理方式以點校爲主，可作簡要注釋。

　　六、整理用字，凡涉及地名、人名、術語等專有名詞之俗字、生僻字，儘量改爲常見的繁體字；對一字異體也儘可能加以統一。每種圖書在不與叢書用字總則衝突的情況下，可根據實際情況而定。

七、凡脱、衍、訛、倒確有實據者，均作校勘，以注腳形式出校記。未有確據者，則數説並存；脱字未確者，以□代之。

八、《叢刊》避免濫注而務簡要，凡涉及嶺南地域特色之風物，可以注腳形式下注；爲外地人士所不明者，酌加注釋。

九、《叢刊》暫定收録一百多種，分爲若干册，每個品種單獨成册，體量小者可酌情結合成册。每册均有前言，介紹撰者、交代版本、評述筆記内容和價值；書後可附撰者傳記、年譜、軼事輯録、索引，及相關文獻資料。

山陰俞思恆星垣

同治四年乙丑正月二十六日赴粵東是日未刻啓行
與同里郡遷靈山縣馮君同行並有梁姓王姓者予家
自咸豐辛酉迭罹兵燹後嚴慈相繼見背祖親嵩慕先疇云
荒惟斅水之養為忌時四叔祖方客廣東轉運使幕中
上年有書命往乃留弟實臣在家侍奉而有此行伙人
陳偉人杰論猛省圖贈行里中李兩白黃敬甫吳廉帆
黃春生高封鄉諸君子及表弟高沅甫皆有題贈十有
自敘駢文一首

猛省圖目叙
蓋以世緣難解不勝慧性之磨人靈窟終述又苦逢
心之窖予我故生於世最難其人予以疲庸終發塵時俗
情境入歷玄路從闊要下法眼藏十年進功未了世
海中一切人事妙趣澀期於寒廓歷心送阻於迎期
拋廿載之春秋指五千之客路時則梅開庾嶺雪滿

能言鸚鵡外慧點又寒犀肉味難樽俎心聲出剪刀
性聰嫌口給羽短不飛高且莫輕鏡古誚人伺閨曹
鸚鵡

九月九日感懷四首
飄零南紀渺中州老盡西風國秋異域初逢重九
日浮跡半閱大千洲事無可解都歸命憂恐傷人莫
上樓但把清尊酬景邑冷紅翠滿寒流
搖落從看露滿林登高無緒祇沈吟三湘鴈影悲靈
慈一逕秋香韻玉琴對蘭膝披元亮傳拂莢夢我惠

連心憑欄回首思無限古木寒雲盡不禁
寂寞無人間壯游海天鄉思渺滄洲他鄉冠盜逢尿猶
藝畫廛州城敗貽金氛故國蘐荒歲不秋越中水哭詩
少都緣慈是敵才疏也與命為讐紛紛裘葛成名去
悵漭雄心對水鷗

冷抱新霜氣不雄水香無主豆花紅身經籟海思千
里地圍麓蕪惜一弓塵世幾人慄宋玉秋光於古屬
陶公年來幽恨憑誰訴訴與西山落帽風
是月有寄高封鄉朱雲卿兩君書春正月抄風雪中握

《粵行叢錄》書影

合浦產珠之說由來舊矣城東南八十里海中有珠池
出蚌蚌母廣數寸長尺餘蜑人沒水取之自云海中珠
池若城郭然其光怪不可近常有怪物護持
蚌聞雷而孕望月而胎中秋無月則蚌無
珠凡秋夕海邑空明天半有朱霞光起蚌脼珠也
珠池在海中取珠人泊舟港數十聯絡乘天氣晴爽
駛舟至珠池以鐵物墜網海底以鐵搜撥蚌舉以入升
取而剖之所得多屬凡珠儻或一舟得寶珠即有片雲
如墨風波陡作舉而棄之始克覆溺羣舟中不識寶珠
所在必盡棄乃已皆空手而返否則片板無存矣其蚌
圓而底平與肉蚌不類
珠池漢唐無考自南漢劉鋹置媚川都採珠宋開寶以
還遂置場司或採或罷明洪武中詔採珠設專官正統
初命內監分守珠池雷廉始大困景泰間守池太監譚
紀趙蘭等肆橫雷州民變御史陳實勱之雷池太監始
革總屬廉池太監嘉靖八年復採以巡撫林富奏停止
九年復請革珠池市舶太監歸北海分巡道蕭官從之

東藩司即便轉飭合浦縣知照

兩郡梢蘇

土人採珠者以亥日趣市黎蜑壯摧以荷葉包飯而往
謂之趁墟柳子厚詩綠荷包飯趁墟人
合浦有龍村昔有人得夜光珠吞之遂不食數數喜入
水未幾生鱗鬣亂化龍去遂名其村曰龍村
廣西及高廉等處山嵐瘴人烟稀疎陰陽之氣不舒
加之蛇蜒毒蠱遺毒鳥其欸遺穢林谷一經漁雨流溢溪
澗蒸氣成瘴春為青草瘴夏為黃梅瘴秋間為新水
瘴秋為黃茅瘴木槹瘴霜降後始蕙惟郡沿其地平
舒姚近大海風潮瀰漫滲沴之氣易散諸瘴尚少今
著生畜繁庶人烟稠密即墟里村落間亦無瘴氣較之
雷瓊差為爽地然一歲之間暑熱過半陽氣常泄故四
時寒花三冬不雪臘月中裹扇互用腠理不密易於受
病宜保真陽節欲慎戒多七情則亦無損於久居也
宋景祐初龍圖梅公挚知韶州著瘴說鶴之石崖曰仕
有五瘴忌征暮欲剝下此祖賦上此祖賦也深文以逞
良愚口口此刑獄之瘴也昏晨醉晏醇厖王事此飲食
之瘴也侵牟民利以寶私階此貨財之瘴也牧童艷姬

《粵行叢錄》書影

目　録

前　言

　　《粵行叢錄》是清代俞思穆撰寫的一部日記體筆記，記載清同治四年（1865）正月至光緒五年（1879）十月，俞思穆到廣州學海堂、粵華書院課考，及隨後游幕廣州、肇慶、欽州、合浦、廉州等地的所見所聞。

　　俞思穆（1839—1881），字星垣，浙江山陰（今紹興）人。同治四年应客寓廣東轉運使幕中的四叔祖之召赴廣州。俞氏文筆出衆，曾"應學海堂課，列上取第七名"。次年，又"應粵華書院甄別"，在應課生千餘人中，被主課官郭嵩燾"列正課二十七名"。同治七年（1868）"應署合浦縣馮咨周司馬之聘，抵廉州合浦縣充幕僚"。俞氏勤於著述，撰有《問學堂詩》五卷、《問學堂文》五卷、《清聞堂詞》一卷、《清聞堂集》十一卷等，詩作亦收入《清六家詩選鈔》①。

---

　　①　收喬松年、孫星衍、洪良品、蔣廷恩、俞思穆、朱啟連六人詩。

關於俞思穆的詩文，時人有較高的評價。曾客居廉州、與俞氏"以詩相唱酬"的朱啟連①爲俞氏的《問學堂詩》作序，稱"星垣始冠，才筆絶出其群，屢試有司無所獲，俯首入粤，求爲幕賓，坐合浦抽厘事"，"其所作氣健舉而力回幹，卓然可傳也"。②光緒四年（1878）三月到廉州出任知縣的鄭小鑄，在讀了俞氏詩文稿後，大爲嘆服，特撰文序一篇以贈，於俞氏詩文學問頗爲贊許。序云："山陰俞子星垣，名士也，居廉城任簿書、錢穀之事。予以公至廉，見俞子，初未之奇也。已而數相接見，其丰神之焕發，議論之英奇，詩境之深厚而名貴，怦怦然心動。及再觀《清聞堂稿》，而俞子學問之真，於是畢彰矣。……讀《蝸廬竹莊記》，而見寄託之高焉；讀《杞言刑法論》，而見經濟之大焉；讀《義園碑》，而見心德之仁焉；讀《祭女弟文》，而見倫常之厚焉；讀《幽懷夢賦客晉》，而見操持之勤且正焉。至於《讀書説》及《正學三篇》，明絶學於既往，開聾瞶於將來，抉二五之精，窮濂洛之奥，則油油然資深逢源之樂事焉。"朱啟連是廣東番禺人，工詩文，爲汪兆鏞的堂姐夫，而爲宦於粤西的鄭小鑄爲同治甲戌年（1874）進士。

────────────

① 朱啟連，字跂惠，號棣坨，廣東番禺（今廣州）人，祖籍浙江蕭山，工詩文，善操琴，諳聲律，精草隸書。

② 朱啟連《問學堂詩》序，見俞思穆《問學堂詩》，清光緒十一年（1885）刻本。

能得到兩人的贊譽，俞氏的詩文水準可謂不俗。與朱、鄭二人的交往，也是俞氏與嶺南本地文人往來的一個縮影。

俞氏擅長詩文且與當地文人學者多有交往唱酬，故本書還對陳恭尹、梁佩蘭、程可則、黎簡、張錦芳、馮敏昌、張維屏等本地文人學者，以及郭嵩燾等寓粵的外地學者，多有介紹點評。俞氏曾稱郭嵩燾"博學能文，舉奇才異能"，"章奏皆手草，敏捷殊常，古文矯健雄拔，爲咸豐八家之一"。

《粵行叢録》收載的文章，不少是俞氏以幕僚身份代地方官僚撰寫的公牘文稿，從幕僚的視角記録了當地的自然景觀、社會風貌和文人逸事等，内容多關乎社會民生，於瞭解晚清廣東社會歷史具有一定的史料價值。

俞氏游幕廣東十餘年，以客居粵西時間爲長，故本書於粵西史事多有述及。如同治七年（1868），俞氏代其四叔祖所擬的吳昌壽事略中，述及咸豐二年（1852）清軍圍剿高州淩十八起義，稱"先是高州匪徒淩十八聚黨萬餘，據羅定之羅鏡墟。大軍數萬人圍攻三年，不能得。至是，總督葉名琛檄公隨同往剿。時匪據村場，爲巢穴，寨柵堅甚，四面築砲臺以守，悍賊甚多，官軍不能進。會公獲賊諜者，善撫之，盡得出入徑路與賊情虛實，夜分親率壯士百人，攜火具乘虛掩入，縱火焚寨，賊大驚自亂，斬淩十八於寨中。大軍繼進，斬獲數千人，餘衆悉平"。淩十八起義爲太平天國時期廣東影響頗大的農民起義，本書記載此次起義之細節，可補中國近代史事之未詳。

又光緒二年（1876），俞氏所撰的《請封禁炭窑以培廉郡地脈稟》載，"竊合邑地方與廣西博白縣接壤，地脈相連，兼以僻處海濱，地勢卑濕，山海瘴濕之氣甚於他處，然猶未足爲害也。自同治七年以來，疫癘大作，受病者於四體之間，驟起一核，狀如彈丸，遂覺心神昏迷，閱一晝夜而氣絶，俗謂之瘄子，百藥無效。計今九年之久，每歲死者千餘人，少或數百人，時近十年，死殤盈萬，尚未休息。其症四季皆然，春夏爲盛，秋冬次之，方藥俱無，醫人束手，甚有一家傳染死至七八口者。居民驚駭，紛紛遷徙，舉國若狂。每至日晡以後，民間掩門而避，街巷闃其無人"。對清同治年間粤西瘟疫的記載甚詳。同治十年（1871）六月的筆記中，俞氏還記載了瘟疫期間，合浦縣衙採取牒城隍神、持齋月餘等舉措以禳災，以上內容可補相關地方志及嶺南瘟疫史論著之缺漏。

另關於三水源流、颶風、欽州白鹿和"六目龜"、合浦珍珠等地方自然、物産等的記載，俞氏博引文獻，旁考史事，兼採傳説，亦有實録，可資瞭解粤西風物之參考。

廣州也是俞氏經常寓居之地，故本書對咸豐六年

（1856）反英軍入廣州城、粵秀山、學海堂、貢院、城外砲臺等近代廣州之史事、風物也多有敘述。其所撰《重修廣州城外礮臺碑記》之原碑已毀，碑記內容可爲研究廣州砲臺史、軍事史之參考。書中輯有貢院等處楹聯，如："明遠樓云：'劍氣珠光昭日月，方壺員嶠煥烟霞。'內簾云：'當簾皓月舒弓影，入戶新霜拂劍花。'較場箭亭云：'禮讓無愆百發皆中，馳驅有範一塵不驚。'撫署鷹揚宴云：'群英逢大比之年，看劍氣凌雲，珠光耀日；嘉宴值小春之候，喜東籬菊滿，南嶺梅開。'"均有保存文獻之功。本書對俞氏的一些日常消費也偶有旁及，如同治五年（1866）九月二十二日，"寄家書一封，附衛生丸四匣、燕窩、高麗參、午時茶、化州橘紅"；同治六年（1867）十月二十八日，"寄家書一封、高麗參一斤"；同治八年（1869）十二月初一日，"寄家書一封，附瓊州燕窩四十兩，高麗參六兩八錢二分"。從中也可瞭解第二次鴉片戰爭後廣州上層階層的消費習俗和消費品味。①

　　本書多有記載俞氏觀察港澳和域外歷史文化等內容。如同治四年（1865）正月俞氏從家鄉紹興啟程赴粵東，二月抵香港。其對香港的市政建設、城市景觀頗爲贊許，稱香港"距省尚四百里地，本海中荒島，自道光二十一

---

　　①　蔣建國：《廣州消費文化與社會變遷：1800—1911》，廣東人民出版社 2006 年版，第 183 頁。

年英國和議初定，乃割此地予之，中國不能屬也。洋人依山高下爲樓，堊以白粉，窗戶參差如蜂房。入夜，燈火滿山，照映波濤，尤極異致。環山皆列肆，諸番互市其中。有上、中、下三環，番舶輻輳，帆檣如林，奇技淫巧之物，無所不有"。但對爲洋商效力的買辦却頗爲不屑，稱"内地無賴子眼熱心忮，願爲執役，並爲其經計販運，因以致富者甚多。寧波、上海皆然，人皆賤之曰鬼奴，亦曰馬占。又有賃洋樓經營，願歸其國鈐束者，或有罪而逋逃於此，中國亦不能制也。有總督、領事等官治事"。對洋商侵掠華人權益則頗爲憤慨，俞氏感嘆"嗚呼！道光以前，洋人恭順受約束，其商舶不得進虎、澳二門，人不得登岸貿易。惟在近洋内船與外船相接，以貨易貨，且有茶葉、大黄二者以制其命，故巨利盡歸中華，彼亦屏息而不敢逞。今則穿城入邑，鄉僻墟市皆有之，禁網蕩然，肆無忌憚。卧榻之側，竟容他人爭睡，豪傑之士，安得不抱憤哉"。

此外，本書還載有俞氏所録美國費城萬國博覽會介紹、反映德國歷史的"騷體詩"，以及所撰的描述同治年間中越邊境匪患的《稟越南邊防情形》等，這些資料也爲我們管窺清末知識分子對外部世界的認知和中外衝突的態度提供一扇窗口。

本書據廣東省立中山圖書館藏清鈔本整理點校，全書共四卷，底本各卷卷端下題有"山陰俞思穆星垣"，今整理本統一删去。正文凡有校改、增補者，出頁下注。
俞氏是稿多有引用他書，凡他書異文與本書文意有明顯
差異，或有能補本書之缺者，適當出注説明。本書的整
理點校承蒙盧家明先生、李永新先生、李展鵬先生、謝
尚先生、饒栩元先生幫助，謹致謝忱！書中或尚有錯漏
之處，敬祈讀者批評指正。

卷　一

　　同治四年乙丑正月二十六日，赴粵東。是日未刻啟行，與同里部選靈山縣馮君同行，並有梁姓、王姓者。予家自咸豐辛酉被亂後，嚴慈相繼見背，祖親垂暮，先疇云荒，惟菽水之養爲急。時四叔祖方客廣東轉運使幕中，上年有書命往，乃留弟寶臣在家侍奉，而有此行。友人陳偉人杰繪《猛省圖》贈行，里中李雨白、黃敬甫、吳廉帆、黃春生、高封卿諸君子，及表弟高沅甫皆有題贈。予有自叙駢文一首：

猛省圖自叙

　　蓋以世緣難解，不勝慧性之磨人；靈窟終迷，又苦蓬心之窘我。故生於世，最難其人。予以疏庸，謬覉時俗。情場久歷，玄路從開。要下法眼藏十年道功，未了世海中一切人事。妙趣縱期於寥廓，塵心遂阻於迴翔。拋廿載之春秋，指五千之客路。時則梅開庾嶺，雪滿秦關。舒冷艷以迎人，滾飛花而撲馬。良朋祖餞，皆袖詩來；仁者有言，以繪圖贈。梅爲姤盡之復，虎乃坎中之金。萬化定基，眾生立命。已慨凡骸易散，誰知大藥堪收？第恐隻影江湖，忘傳薪於圮上；蒙心塵土，變移橘於淮中。非有道威力具服猛之雄，兼以佛光明仗降魔之力，鮮不終身入於流連荒忘之行，而不返□而納諸罟雘陷阱之中。而莫知自憐夢裏師雄，又向羅浮山下；笑指吟邊伯虎，坐來狼虎聲中。一卷金經，消除慧業；百年短夢，漸識歸心。何時假我金繩，竟作沾泥之絮；從此融成木禾，不開墮溷之花。還絳闕之舊司，攜綠華而竟去。並此雪邊花影，作鼠肝蟲臂之觀；欲將畫裏詩聲，酬龍戲麟盤之唱。

二十八日，抵餘姚，泊舟邑城外。夜大風雨，口占詞一闋：

燕歸簾

烏山船子兩頭尖，篷背兩廉纖。餘姚城外泊江干，風與浪、打愁眠。　輕帆卸浦。孤篷漏雨，鄉夢不曾安。閒談還仗一杯酣。憑醉裏、聽潮寒。

三十日清晨，抵寧波，泊江北岸。地爲洋人僑居，沿江樓閣鱗次，巧麗如畫。未刻，過輪船赴上海，船名西江。申刻，出鎮海口開洋。

二月初一日巳刻，抵上海。自甬至滬未及一晝夜，行八百里船，價人二番，小艇渡岸約二三里，波濤風雪之中，頗覺危險。登岸寓邑城東門外逆旅，有絶句一首：

滬上旅舍題壁

雨雪江湖客路多，今從海外片帆過。祇憑兩字驅人去，不管前頭萬頃波。

初五日，下輪船赴粵，船名嗜啼嗁，亦謂之公司船。蓋英國有大班，公司名目專司通商之事。蓋彼中之官船也，堅固倍於他舟，無諸裝飾，無他患，價人二十番。是晚，出吳淞口開洋。

初九日清晨，抵廣州新安縣之香港，距省尚四百里地，本海中荒島，自道光二十一年英國和議初定，乃割此地予之，中國不能屬也。洋人依山高下爲樓，堊以白粉，窗戶參差如蜂房。入夜，燈火滿山，照映波濤，尤極異致。環山皆列肆，諸番互市其中。有上、中、下三環，番舶輻輳，帆檣如林，奇技淫巧之物，無所不有。

内地無賴子眼熱心忮，願爲執役，並爲其經計販運，因以致富者甚多。寧波、上海皆然，人皆賤之曰鬼奴，亦曰馬占。又有賃洋樓經營，願歸其國鈐束者，或有罪而逋逃於此，中國亦不能制也，有總督、領事等官治事。嗚呼！道光以前，洋人恭順受約束，其商舶不得進虎、澳二門，人不得登岸貿易。惟在近洋内船與外船相接，以貨易貨，且有茶葉、大黄二者以制其命，故巨利盡歸中華，彼亦屏息而不敢逞。今則穿城入邑，鄉僻墟市皆有之，禁網蕩然，肆無忌憚。卧榻之側，竟容他人爭睡，豪傑之士，安得不抱憤哉？是日，又過輪船進虎門，抵珠江，日既向夕，不能入城，寓城外聯興街逆旅。

初十日，肩輿入城，至華寧里客館。午間，至九如坊四叔祖公館中。自正月二十六日啟行，至是共十四日，行八千餘里，川資不滿三十千。而自上海至香港，駛大洋四晝夜，仲春天氣，東風平和，無驚濤駭浪一切可怖之事，茶飯皆船人供給，又有内地人伺候坐客及搬接行李。行船時，杯茶放艙板上，絶無播溢。舟人謂似此平穩，向所罕遇也。而余氣體素弱，頭目暈眩，不能飯，惟酣睡而已。及登岸，而腹頓饑，飲食如舊。惟心神動搖，一月始安。萬里重洋，一舟如葉，泛滔天之浩瀚，投未闢之鴻濛，踪跡雜夫驍夷，性命輕於毫末，危機變端，頃刻莫測，大可懼已。君子守身之道，似不宜爲此，後之人其戒愼之。

海水近上海者色黃，近閩界則黑，近粵者深碧，蓋淺則黃，深則碧，極深則黑。淺者有沙土淘泛，故黃。深而清，故碧。其積水厚深不知底者，乃得呈其玄冥之本色，故黑也。

海水入夜則生火，色純赤，望之如萬疊火山，光焰無際。近邊之處，舟楫衝擊之，則火珠迸出。火生水耶？水生火耶？夫《易》，坎爲水，坎乃坤得乾之中爻，外陰內陽。離爲火，離者，麗也，火也者，氣也，火無體，必麗於見。故木有火，石有火，金有火，皆火之所麗者，則水安得獨無火乎？水也者，亦火之所麗者也。火麗於水，是爲陰中之陽，亦坎之中本有乾之一陽也，無足異也。《易》曰：澤中有火。《素問》曰：澤中有陽焰。木玄①虛《海賦》云：陰火潛然。《拾遺記》云：西海浮玉山，有巨穴，中有水，其色若火，夜則照耀穴外，波濤灌蕩，其光不滅者，皆是火也。是水中固有火也。又粵人稱新安海中之火，每成塊，大如車輪，隨風入城，風止旋滅，着物不焦，此類尤多云。

十三日，寄家信一封。

---

①　玄，原作元，避諱字徑改。

三月二十三日，由公館移居運司署西齋，曰香藪雲屏館。

登粵秀山三首

憑高間騁望，表海此雄圖。歌舞當時地，春來長綠蕪。抱孫終傲岸，稱帝竟嬉娛。賴有知機早，歸功陸大夫。

南薰春殿裏，祇自説風流。鏤礎香盈柱，沈珠水滿溝。在天難恃龔，蓋海總承劉。試覓呼鸞道，蠻花特地愁。

樓臺鱗接處，舊日尚王宮。芳草年年綠，飛花故故紅。老臣危病裏，孽子夢魂中。未盡興亡意，蕭然日暮風。

四月，應學海堂課，列上取第七名。學海堂在粵秀山麓，爲五羊勝處，課全粵經義古學之士。阮文達公督粵時所創建，與吾浙詁經精舍相同。一歲四課，兩院及學政主之。掌教爲陳蘭甫、譚玉生兩孝廉。陳君名澧，精漢學，經術湛深，蓋粵之瑰儒也。應課者舉貢生監千餘人。此次爲夏課，題爲《重修保釐者定各礮臺碑記》，用駢體。又擬杜二首，次原韻。又《詠端陽節物》五律八首。總督瑞文莊公主課，分經史、詩賦兩榜，約各取五十人。予是課得花紅銀三兩。阮刻《皇清經解》板藏堂中。

重修廣州城外礮臺碑記

蓋以嚴城曉闢，一方山海之衝；番舶晨羅，萬里華夷之會。俯珠江而簇雲嶠，控荆湘而引蒼梧。振諸夏之雄圖，變炎荒之舊俗。郛壖地密，則屋列萬家；滄海波明，則雲紆百雉。黃金紫貝，鍾河岳之精英；翠羽明珠，萃山川之華寶。趙地之叢臺袨服，未足擬其繁稠；楚都之漢水方城，聊可比斯形勝。則嶺外廣州者，固東南一大都會也。

維我聖祖皇帝德孚三靈，化洽九有。秉昭華之玉，披赤綈之圖。開明堂而撫四夷，憑玉几而朝萬國。越裳來貢，海波不揚；冠蓋相望，烽烟無警。箕坐椎髻之長，鼻飲裛褫之方。屈膝輸心，崩骨[①]稽首。宏一德以丕冒，要萬途而來歸。亦既治定功成，邇安遠肅矣。

夫創業必計夫久安，弭患先資乎設備。眷言粵土，界在邊陲。迤邐東溟，實惟南鄙。不防要害，奚固藩籬？乃建崇臺，以衛城郭。因四海之無事，以萬姓之有餘。庶民子來，百工心競。其表裏之製，

---

① 骨，應爲“角”之訛，見《孟子·盡心下》：“若崩厥，角稽首。”

如手足之通乎腹心；其聯絡之形，若門庭之衛乎堂奥。氣聳飛棟，勢超浮雲。日麗山河，宵凝月露。朝霞蒸而丹青焕，秋風肅而波濤寒。樹千載之宏規，儼然棋布；作四門之外護，宛爾星羅。此順治、雍正之間，保釐、耆定各礮臺之所由築也。

維時海宇乂安，蠻荒率服。挽銀河而洗甲，懸金鏡以銷兵。市無朝飲之羊，邑鮮夜吠之犬。燉煌不舉，刁斗無聞。帶礪盟存，金湯鞏固。則此各座礮臺者，亦止以觀波中之旭日，歌海上之雄風。幾於華闕之虛存，亦等露臺之無用矣。無何湯網久疏，狂民去順；堯封既廣，殊俗辜恩。伺内釁之可乘，遂逞兵而中變。欃槍南指，風翻碧海之波；戎馬西來，塵暗黃沙之色。引島蠻而深入，連省會以無寧。一夫之關既開，百尺之臺何恃？磚拋瓦斷，消絕構於寒烟；露冷風凄，騰頹垣於落照。孤城突兀，輔車胡依？隘口紛歧，唇齒何衛？過遺墟者，見而太息；籌邊守者，尤爲惻然者也。

今者聖主踐祚，元運中興，巨寇伏誅，洋人就撫，興復鴻烈，康濟時艱，闕待補而廢先舉。歲次甲子，月紀春王，皇上御極之三載焉。詔書甫下，土木載興。因此崇基，復構盛則。覆簣鮮嘅，棄井無悲，越乙丑某月而告成也。

鎮守廣州將軍署兩廣總督瑞公以都督閻公之雅

望，爲東西兩粵之大藩，遵廟算以敷宣，仗天威而
策勵。表率僚屬，版築是司；參總軍民，磐石斯賴。
索引航浮之國，絕無窺伺之奸；彎弧撤矛之邦，永
息風濤之警。金甌萬古，抒聖天子南顧之憂；砥柱
千秋，是爾百姓北門之管。爰命下士，手撰斯文，
溯厥源流，垂之永久。銀書舊燦，爭雪浪於靈洲；
金宇喬皇，射朝陽於蓬島。筆花振彩，書百千言；
貞石垂刊，示億萬載。

擬杜二首

古栢行

錦官城外尋雙栢，西院無人守階石。夔州丞相
別有祠，又見森森翠千尺。成都武侯祠在先主廟西，院有
雙大栢，傳爲武侯手植。夔州武侯與先主各有祠，此古栢乃夔州
廟前栢也。人生抱才有伸屈，樹木因人別憎惜。摩挲
剝此霜皮青，俯仰嗟予鬢毛白。鬱葱佳氣惠陵東，
枝柯齊向先帝宮。青蓋千年鎮寥寂，綠雲萬疊摩虛
空。龍鱗半夜挾飛雨，犀甲白日張靈風。丞相精爽
樹所毓，元氣不死天無功。山中有材足樑棟，大匠
求之頗鄭重。奇才不肯輕許人，來如龍起雲自送。
奈何杞梓爭燕雀，偏教荊棘棲鸞鳳。獨對斜陽老淚
傾，天涯落拓誰爲用。

謁先主廟

炎火衰微日，飛騰有異人。銀潢同世系，草澤裕經綸。蒿目陵夷世，傷心跋扈臣。風雲原感會，事業屬艱辛。為有人心附，能延國祚屯。天聲仍大漢，地勢本強秦。遺像空山肅，英風古廟神。長松巢野鶴，清水得溪鱗。苑月仍明夜，庭花自弄春。山河還似舊，世代幾回新。策杖衰頹久，飄蓬過往頻。感時恒涕淚，老我是風塵。此處英雄地，當年叔父親。痴兒難肯構，賢相總為隣。閱世悲棋局，澆愁想酒緡。翠華零落處，白髮岸綸巾。

詠端陽節物八首

鼓吹亂薰風，龍舟夾岸中。歌翻湘水曲，浪激楚臣忠。畫槳分波綠，朱旗沸影紅。笙簫浮動處，有客醉驚鴻。競渡。

明錦逐風輕，天孫織始成。有才終落漠，無命奪功名。雲影流湘水，霞光借赤城。雄心潦倒後，對此若為情。錦標。

粉滴玉盤中，松團樣最工。餽遺忙午日，巧製出唐宮。香裹新粘米，風鳴小角弓。榴紅蒲碧處，丹酒一樽同。角黍。

紫石釀仙醽，驅邪酒亦靈。滿宜斟玉琖，艷絕瀉銀瓶。舉世尊前醉，孤臣水底醒。還將酹湘曲，愁殺楚騷經。丹砂酒。

禳祟到閨閣，靈符小製來。兩行釵股顫，五色鬢雲堆。佳氣千門洽，祥光一鏡開。當筵看把酒，金影落瓊杯。釵符。

蠶老繭初收，奇思像炳彪。幻將蛾子殼，雄踞玉人頭。牙爪銀絲紮，斑文繡線稠。商量須早製，明日有龍舟。繭虎。

未受春陽氣，遲遲五月花。杯痕攙綠蟻，裙影妬紅紗。正色爭炎日，餘光疊綺霞。重重錦步帳，來自石崇家。榴花。

能言鸚鵡外，慧黠又寒皋。肉味難樽俎，心聲出剪刀。性聰嫌口給，羽短不飛高。且莫輕饒舌，讒人伺爾曹。鴝鵒。

九月九日感懷四首

飄零南紀渺中州，老盡西風海國秋。異地初逢重九日，浮蹤半閱大千洲。事無可解聊推命，憂恐傷人莫上樓。但把清尊酬景色，冷紅疏翠滿寒流。

搖落從看露滿林，登高無緒衹沈吟。三湘鴈影愁靈瑟，一徑秋香韻玉琴。對菊勝披元亮傳，插萸勞我惠連心。憑欄回首思無限，古木寒雲盡不禁。

寂寞無人問壯游，海天鄉思渺滄洲。他鄉寇盜
灰猶熱，時金陵敗，匪全竄嘉應州，城被陷。故國饑荒歲不
秋。越中水災，田禾失收。詩少都緣愁是敵，才疏也與
命爲讐。紛紛幾輩成名去，慘澹雄心對水鷗。

冷挹新霜氣不雄，水香無主豆花紅。身經嶺海
思千里，地闢薜蕪借一弓。塵世幾人憐宋玉，秋光
終古屬陶公。年來幽恨憑誰訴，訴與西山落帽風。

是月，有寄高封卿、朱雲卿兩君書。春正月杪，風
雪中握別河梁，瞬息之間已成秋暮。夏初幅牋布悃，五
月內即奉還。雲纏綿惻惻，情文相生，瞻望清光，撫影
獨弔，將墜之涕，聞凄響而自零也。某此次遠游，惟菽
水是急，故輕離鄉土，不憚萬里。且古人弱冠請纓，某
修名未立，年實過之，誠驥隙不留，馬齒日進，而秋菊
春蘭，英華靡著，尤志士之所悲也。乃廢棄之餘，所至
鑿枘，兼以情意疏簡，不能靦面向人；闇於機械，遇事
罔知彌縫；言語不工，不能諧妙以取悅。有一於此，足
致揶揄，種種疵瑕，宜爲目笑。方瞿然自責，而愚不可
移；片語入時，則雙頰齊赤，始知稟氣之生，有胎骨之
不同也。是以默默居此，行一年矣。極目悠然，絕無遇
合，而故人天末，譚藝無從，新知誰啟於漸磨，舊學日
荒於寡陋，益可悲矣。邇者秋盡，海外風物凄緊時，則
登高望遠，但見滾滾寒流，蕭蕭落木，蒼烟一抹，斜照

相蒙。南去岡巒，則衮然綿亘，天低鶻没，一髮青山，絶域羈人，不覺涕下云云。

十一月二十日，移住撫院西軒陳蒔松先生館中。

題衣讔山房詩鈔絶句

格律精嚴氣骨蒼，和聲一片按宫商。黄金獨鑄翁山叟，輸與尊前一瓣香。

開國猶存正始音，乾嘉以後竟銷沈。江南播遍倉山派，滿耳淫哇聽到今。

經術淵源出絳跗，居然淹貫似長蘆。不知門下論詩派，御史中丞繼得無。

十萬縹緗劫火燒，流傳身後亦無聊。姓名已達君王聽，白首馮唐不見招。

同治五年丙寅二月，應粤華書院甄別，粤東以粤華、粤秀、羊城、端溪爲四大書院，督撫藩臬主之。是歲甄別，郭筠仙中丞主課，題爲“薄夫敦，鄙夫寬”，應課生千餘人。郭公親拔予卷，列正課二十七名。郭名嵩燾，湘陰人，博學能文，舉奇才異能，由編修任江蘇糧儲道，遷兩淮運司。同治二年，命以三品頂戴，署理廣東巡撫。明察綜核，籌餉尤擅專長。嘗謂釐金爲佐軍良法，疏陳源流，洋洋數千言。章奏皆手草，敏捷殊常，古文矯健雄拔，爲咸豐八家之一，著有《籌邊徵實》諸書。予雖寄硯幕下，然未識荊也。

賀新涼·題馬雲雛詩稿

白髮滄溟外。廿年來、蜑風蛋雨，如何陶寫？一卷琳琅餘淚點，甌北倉山宗派。祇今日、文章無賴。戈槊紛紛騎馬客，熖狂威，劫比秦灰大。誰解道、詩堪愛。　　饑來臣朔如之奈。任飄零、波隨浪逐，泥拖水帶。磊魄千杯澆不盡，筆硯都堪焚壞。更滿目、人情鬼怪。南部州中羅刹國，誦新詩、要當金剛拜。百回讀，十分快。

四月初十日，寄家書一封。是月，郭撫軍卸篆，陳先生就廣州府聘，遂移居廣州府署。

九月二十二日，寄家書一封，附衛生丸四匣、燕窩、高麗參、午時茶、化州橘紅。是月，藩署幕友唐君邀予勸辦，遂由府署移居薇垣西齋。

寄友三首

尺波電謝去匆匆，巨耐消磨筆硯中。鴻爪已留

千處跡，梅花又報一星終。事如棋局隨時變，天與
詩人照例窮。歲晚不堪羈客思，半庭寒雨滿簾風。

　　邊海遨游歲兩周，一番春信又南州。寒香開遍
梅銷嶺，客思忽依王粲樓。萬壑烟霞拋故國，百年
心事託扁舟。豪情壯志俱無賴，祇向炎荒作楚囚。

　　模糊世事最難平，誰似君家眼獨明。怒罵有時
攄憤激，笑談無處不風情。半生傲世貧如故，一病
經年骨倍清。呵凍詩成聊一笑，祇憑聽作雪風聲。

十二月，唐君解館，予還寓運署。

同治六年丁卯五月初六日，寄家書一封。是月，見
部行各直省文移公牘不得用夷字，為英法各國諱也。

六月，赴肇慶府署，仍應唐君勸辦之招。八月，回
省，仍寓運署。十一月，寄家書一封。

十月初三日，友人但叔衡續婚，予贈喜聯云："梅額
成粧好春猶小，柳眉重畫新月初彎。"

二十八日，寄家書一封、高麗參一斤。

代友人崔君輓外父姚姓，聯云："官粵東三十六年，口碑載道，治譜傳家，更將壽讓萱庭，事君事親一肩付與諸郎替；依甥館四百餘日，白髮終堂，綠鬢就穴，茲又峰頹泰岳，哭妻哭母兩淚重揮半子行。"

十一月，應署合浦縣馮咨周司馬之聘。

十二月初六日，起程赴合浦，由省河出三水，過端溪逆流入西江，經粵西蒼梧，抵北流。陸行八十里，過鬱林，抵船埠。復乘舟至廉州城外總江口，登陸，肩輿十里，抵郡城。

三水者，自肇慶而來者，曰牂牁江，爲一水；自清遠來者，曰滇江，爲一水；自廣寧來者，曰綏江，爲一水，皆會於三水縣東南之崑都山下，是爲三水，達珠江入海。牂牁爲西江，滇爲北江，綏江一源二流，分入西、北兩江，故合稱三水。又有南江，名晉康，源出西寧雲卓之山，至德慶南岸入於西江，故西江之水最大。其趨海之路，爲端溪羚羊峽所束，咽喉狹小，廣僅數丈。霆霖時至，則狂波獸立，巨浪迴旋，故高要、三水一帶輒有水災。

西江發源夜郎，盡納滇、黔、交、桂諸水，而東長至萬里，一名鬱水。《唐志》稱：南海名山靈洲，大川鬱

水是也，亦曰牂牁江。牂牁者，江中兩山之名。左思云
"吐浪牂牁"是也。粵江之大者，無如牂牁，故南海一名
牂牁海，亦曰牂牁大洋也。

　　同治七年戊辰正月初二日，抵廉州，居合浦邑署西
齋。三月初七日，四叔祖病卒。叔祖於道光十年來粵，
辦理名法數十年，以資爲光禄寺署正。至是卒，年五
十八。

　　先是嘉善吳公少村，諱昌壽，以即用縣署連平州事，
聘叔祖司名法。及公轉廣州府，擢南韶連道，均在幕中，
累十餘年，爲公所敬信誠服，水乳交洽。咸豐十年，公
以任滿調省，叔祖爲後任方子箴觀察厚幣接延，堅辭不
獲，始與公別。及公陳桌開藩，屢致書幣，皆以觀察之
挽留而不得往。嗣公以撫鄂離粵，旋調撫豫，緣事鑴級
告歸。同治六年，以粵藩起用，未蒞任，而有巡撫桂林
之命，抵粵西三月，病卒。而方觀察先於同治二年擢兩
廣運使，叔祖偕至運署，至是疾革，回九如坊寓中。及
易簀前三日，忽張目語家人曰：少村有差弁至，以書邀
予赴汴，郵封有河南全省兵劫總司字樣。予辭之，來弁
勿允。復約以回里後再往，亦勿允。據請緩三日行耳，
如是予殆不起矣。果後三日卒。維時方公有僕王姓者，
卧病在署，忽語其伴曰：吳大人有差官請師爺赴河南，
明日行矣。予當隨之去，至是亦如其言。

吳公樸誠勤幹，遇事棘棘不阿，無苛察吹求之習。其所設施一歸於正，在粵迭平巨寇，政績在人耳目，士民謳思。去粵之日，行李蕭然，布被蒲簟之外，別無長物。士庶遮道送者萬餘人，爲二百年來所罕有。跡其生平聰明正直，固當没爲明神。而予叔祖醇謹端方，善行完固，尤爲冥曹引重，宜公之始終，招致生死勿渝也。方公有輓聯云：“十載論交□□，劍膽琴心，幕府深叨賢友益；一靈不泯，想見雲車風馬，中州遠赴故人招。”

叔祖無子，以二堂伯祖之三子入繼，蓋由外親馬氏利其幕橐，鑽弄成之，非應繼，亦非所愛也。旋即挈眷回里，嗚呼！叔祖數十年齒積之資，墨耨筆耕之所得，大是不易。繼起者不識，能保有勿失否。

吳中丞事略代四叔祖作付公姪牧鄒太史

中丞諱昌壽，字少村，浙江嘉善縣人。以道光乙巳進士即用，籤掣廣東。二十九年己酉，署連平州事。明年，補陽山縣。

咸豐元年辛亥，英德匪徒黄毛五聚衆滋事，故相國兩廣總督葉名琛督師剿辦，駐節清遠。黄毛五率黨竄翁源，據連平交界之陂頭村，衆萬人。連平故瘠區，地廣二百里，額兵甚少，又以承平久，類皆疲弱不堪用。公籌費募勇得五百人，率陂頭村謝姓紳民於雞栖壩防堵。賊迭次撲犯，勢極披猖，紳民以眾寡不敵，陰有解散意。公知之，宣於眾曰：賊被剿圖竄，勢已窮蹙，諸君能堅守，以俟大軍之至，合力兜剿，烏合眾不足滅也。州城詘於費，守備無足恃，所爭者此要隘耳，一經渙散，則全境淪沒，賊勢蔓延。諸君身家在此，奈何坐受魚肉耶？語盡繼以泣，紳民感動，皆曰：惟公命。時賊攻益急，公親率三百人出，無不一當百，大破之，殺賊三千餘人。賊敗遁，由始興入九連山。公引兵追之，沿途斬獲甚眾，生擒百餘人，餘黨潰散，賊平，除夕獻俘於清遠大營。葉公大稱異之，奏開陽山縣缺，以同知直隸州補用，賞戴花翎，奉旨依議。

是役也，始於春初，至臘盡蕆事。一年之中，心力爲之交瘁。而連平全境得無尺寸之失，實公之忠義有以激之也。

二年壬子，卸連平州事。先是高州匪徒淩十八聚黨萬餘，據羅定之羅鏡墟。大軍數萬人圍攻三年，不能得。至是，總督葉名琛檄公隨同往剿。時匪據村場，爲巢穴，寨柵堅甚，四面築砲臺以守，悍賊甚多，官軍不能進。會公獲賊諜者，善撫之，盡得出入徑路與賊情虛實，夜分親率壯士百人，攜火具乘虛掩入，縱火焚寨，賊大驚自亂，斬淩十八於寨中。大軍繼進，斬獲數千人，餘眾悉平。葉公曰：子大將才也。奏請免補直隸州，以知府補用，得旨俞允。

四年甲寅四月，署韶州府事。時廣西賊方熾，大股東竄，並合東省各屬土匪，衆及百萬，陷三十餘州縣，圍省垣。七月，賊分股趨韶州，衆亦十餘萬。是時，城中兵僅數千人，賊衆漫山蔽野，勢如潮湧。士民驚恐，岌岌不可終日。公督師登陴，相機防禦，復分兵城中，緝挐奸細。自居南門城樓，晝夜弗稍懈，而意致閑逸，調度從容，目中若無賊者，人心稍定，咸相謂曰：有吳公在，吾屬無憂矣。公屢出奇制勝，大小百餘戰，斬獲無算。賊解而復圍者三，先是賊圍省城，省中戰守甚力，月餘解去。明年五月，援師至韶，韶州圍亦解，賊四散奔竄。州縣皆收復，告肅清焉。

五年乙卯四月，補廣州府。六年丙辰，卸韶州府事，晉省。時洋人求進省城，議久未定。洋人怒，舉兵攻城，公奉檄巡防新城，城中火箭如雨，民房半受其害。公督勇晝夜防護，以故新城、西關一帶無毫末之損，皆公之力也。洋人尋散去。

七年丁巳九月，到廣州府任。時北江軍務吃緊，公統水陸各軍馳赴剿辦。十一月，洋人闖入省垣，擄總督葉公以去。公駐清遠。八年戊午六月，兼護督糧道，仍駐清遠。

十年庚申二月，調署南韶連道。時有粵西竄匪

萬餘人，據仁化，陷樂昌，勢將趨韶州。仁化界江
右，樂昌界湖南，公督水陸軍數千擬先攻樂昌以及
仁化。是時，巡撫耆齡由江西調撫粵，以省中洋務
未竣，遂駐韶州，眷屬寓豫章，慮賊之擾及也，檄
公由仁化進剿，欲令賊併歸樂昌，逼入楚境。而總
督勞崇光則恐賊回竄粵西，檄公由樂昌進剿，次及
仁化，議與公合。既定計，耆齡亟召公曰：君議進
兵樂昌，果何所見？公曰：治兵猶治水也，得勢爲
上。攻樂昌勢順，必利；攻仁化勢逆，必不利，以
順逆之勢觀之，無先攻仁化理，願公思之。耆齡不
能折，乃曰：能計日破乎？公曰：惟命其時。賊勢
方熾，耆齡以爲必不能即蕆事，欲因以中傷之，限
五日破賊。公慨然具限，亟趨樂昌。時久不雨，河
涸舟師不能進，將士皆爲公憂。明日，大雨竟晝夜，
河水驟漲數尺，舟師鼓棹前進，士氣百倍，一鼓登
城，斬賊千餘人，賊遂棄樂昌，奔仁化。公乘勝攻
仁化，又克之。兩邑皆收復，賊入豫章。捷聞裁四
日耳。卒忤耆齡意，弗以公名入告。韶之人至今嘆
惜之。

四月二十六日，寄家書一封。

閏四月，合浦縣試居停，請予總理校閱。合浦距省

千八百里，每學院按臨歲科並考，府縣試亦然，應試童生千餘人，鎗替鑽營之弊，爲他處所未有。月餘竣事，有改覆試卷《荔枝》律詩句云：“詩成梅子微酸後，吟到楊妃爛醉時。”諸生頗傳誦之。

題畫絶句

緑雲亭館日初長，不盡詩情咏晚涼。畫裏更饒幽絶趣，枇杷花下聽鶯簧。

采桑子·題畫詞

新詩吟到瀟湘句，淺水沙洲。蘆雪花浮、翠羽高飛不是鷗。　宜春宜夏風光滿，緑借雲稠。紅怨蓮收、剪得天涯一片秋。

題張司馬小影詞

金貂世冑西京溯，今繪出、翩翩度。三十功名誰與伍？靈和殿柳，當年張緒，卓犖英姿露。板輿重到還珠浦，蘭玉庭階花萼護。誦孝友君家詩句。儒林新傳，循良舊譜，報國才華數。

八月初一日，寄家書一封。

是月，作《孔雀賦》，廉守鳳公亟賞之。公名鳳貴，字梧岡，姓庫褚氏。舉孝廉，能詩文，尤長四子書理，兼善書畫，能琴，圍棋尤高。嘗於郡署東偏，依古榕築亭，曰榕蔭亭，與諸賓客酬唱爲樂，屬予爲《榕蔭亭記》，並諸賓客詩文鏤板行之。至是任滿調省，中秋夕招飲叙別，客繪《輕舟載花圖》贈行。予即席題四絕句，大加嘆賞。嘗有同游之約，蓋亦淪落中一知己也。越明年，而公以老病乞歸矣。

清光如鏡照邊隅，留得滄波萬斛珠。好與藝林傳故實，壓裝還有載花圖。

座中賓從勝如雲，把酒相看別思紛。父老不須遮五馬，能留三載即皇恩。

海上龍門一扇開，鍾靈長白仰奇材。早知太守憐才甚，却向珠波怨後來。

鳴騶移駕去堂堂，德沛廉陽繡額裝。是日，郡民上“德沛廉陽”四字匾額。說與攀援諸父老，亭前榕蔭是甘棠。

和某大令閒中雜詠六首

坐擁縹緗福地居，英華咀嚼晚涼餘。閒來過訪題襟客，手孕梅花口誦書。

廉水煎茶手自斟，就中詩味細推尋。茶香水潔新詩美，如見冰壺自在心。

荷香簾影共徘徊，消夏詩章巨手裁。想見吟哦神妙處，清風如客座中來。

好句誰歌陸酒樓，荷池涼雨醉新秋。舉杯不用張旗鼓，健將終推李鄴侯。

閒從郭老唱伊涼，酒後歌來醉有鄉。莫倚曲欄縈旅思，古來秋月本如霜。

碧荷池畔露泠泠，司馬書堂靜未扃。有客敲門和詩句，更傳佳話到旗亭。

九月二十七日，予三十初度，鹽釐委員朱司馬置酒相邀，盛陳菊花。有畫手林生、曲客郭君同席，並有侑觴者。予於醉中集竹垞翁詞句一聯云："落拓江湖，且分付、歌筵紅粉；生平涕淚，更憑誰、傳語青禽。蓋即所謂借酒杯而澆塊磊者也。"

是月，府試，廉守崇公請予總理校閱。予贈詩二章：

邊隅文物有疵瑕，考閱精強詎敢誇。難似看山求面目，故應就地論才華。久荒祇覺胸無竹，未老先愁眼有花。手把丹黃深夜裏，梅窗風緊燭行斜。

一從飄蕩客廉陽，次第論文二十場。常恐珊瑚

嶺南史料筆記叢刊

第一輯

彙集嶺南文化精華史料
還原嶺南歷史原貌

收錄古代（兼收民國時期）有關嶺南地區各方面的著述，內容涉及嶺南地區的典章器物、職官制度、施政吏治、時事掌故、古迹名勝、歲時物產、民情風習、飲食游樂、技藝百工、烟花粉黛，乃至音韻詞章、金石小學等，能補正史之遺。叢刊包括一般史料古籍和筆記，大部分短小、有趣、可讀性强，按照當代學術標準加以點校整理，形成一套了解和研究嶺南地區歷史文化的古籍精品系列。

更多《嶺南文庫》產品信息
https://www.douban.com/doulist/156977571/

[清]譚宗浚　著　李霞　點校

定價：68.00元

《荔村隨筆（外三種）》收錄了清末官員譚宗浚之兩種筆記、兩種日記，分別爲《止庵筆語》《荔村隨筆》《于滇日記》《旋粵日記》。譚宗浚少承家學，聰敏強記，頗有才氣。他被稱爲清末嶺南著名詩人、學者、收藏家、書法家、美食家等，好詩賦，工詩文，熟于掌故，也好著述，著有多種著作。由于其興趣尤廣，喜藏書，又有功名爲官，經歷和學識俱佳，因此其所著的幾種筆記，可讀性強，掌故豐富，記錄了其求學、生活、著述等隨筆內容，既可見其才情，也可見晚清嶺南的風物人情。

"譚家菜"之父譚宗浚的心語結集，
呈現清末的官場與世態、士風與人情。

[清]黃鴻藻　著　寇曉丹　點校

定價：78.00元

《逸農筆記》爲黃遵憲之父黃鴻藻所作的一部筆記，記載歷年聽聞的奇聞异事及至交好友投贈的詩文，雜綴成篇，以資勸誡。黃鴻藻在多地爲官，又性喜交談，常與友朋作"文酒之會"，藉此增廣了見聞，所歷聞逸事也通過本書記載了下來。全書共八卷，前五卷爲游宦居京時所作，六至八卷成于爲官桂林時。本書內容豐富駁雜，記叙崇尚平實，議論兼附考辯，記錄了黃氏涉足過的京師、天津、福建、廣東、廣西等地的物産古迹、民俗風情、傳說志异、名人史話、鄉賢詩文以及官員遷擢、科舉掌故，頗具史料價值。

著名外交家黃遵憲之父黃鴻藻的僅存遺作，
一部嶺南人撰寫的《閱微草堂筆記》。

《粵行叢錄》爲清代"紹興師爺"俞思穆的日記體筆記，是清同治四年正月至光緒五年十月間，作者到廣州學海堂、粵華書院課考，及隨后游幕廣州、肇慶、欽州、合浦、廉州等地的所見所聞。俞氏擅長詩文，書中載其詩文及對陳恭尹、梁佩蘭、張維屏等名家的評介；俞氏在粵西時間較長，也多次寓居廣州，所記當地自然物產、社會風貌、文人逸事，可補近代史事和地方志之缺略，可資瞭解嶺南風物之參考；俞氏對港澳的觀察，對美國萬國博覽會、德國"騷體詩"的記錄，對中越邊境匪患的介紹，也為讀者管窺清末知識份子對外部世界的認知和中外衝突的態度提供一扇窗。

[清]俞思穆 著 倪俊明 點校

定價：68.00元

**"紹興師爺"俞思穆游幕廣東之日記，
窺見晚清社會轉型時期的中外互動。**

《粵東筆記》是清代寓粵官員、藏書家李調元輯撰的作品。卷首有羊城八景全圖，每圖均有詳細說明。全書十六卷，分別記錄廣東的風土人情、節令集會、山川神祇、少數族群、鳥獸蟲魚、草木花果、糖茶雜物等，內容廣泛，還收錄了方言土語、山歌謠曲、節令習俗、物產奇珍等，在廣東民間文學、民俗學界都有一定影響。本書由李調元居粵時遍歷廣東，輧軒采訪，博采衆書而輯成，在保存嶺南地方史料的同時，體現了外地官員對當地文化的審辨，具有獨特的文獻價值。

[清]李調元 著 譚步雲 點校

定價：98.00元

**一個清代寓粵官員在廣東的"采風"集，
一部遍歷都邑、搜羅文獻、走訪百姓寫就之嶺南風物大觀。**

《定湖筆談》是清中期文人、書法家黃景治以身世之所閱歷、耳目之所聞見積累而成的筆記體著作。他見聞廣又善談，常與士大夫交游，晚年失聰，于是有心將昔日見聞所思寫成書，每寫一條就與朋友共讀，頗有以筆頭文字替代言語交談之意。書中內容廣博，範圍涉及醫藥、風水、神鬼、花鳥蟲魚、山石園囿等方方面面，意在寄托情思，勸誡人心，以正風俗教化。此書也涉及眾多黃氏聞見的人物故事，上至官吏下至百工，不乏戲謔誇談的文辭，頗有《莊子》寓言的風格。本書還得到當時名家謝蘭生、吳應逵等眾人爲序，謝蘭生高度評價了集中文章"當于人心"，"時賢爭以先睹爲快"，可見本筆記之價值。

[清]黃景治　著　吳建新　點校

定價：68.00元

**清代文人黃景治的百聞戲言録，
清代時賢爭求先睹爲快的南粵文人"朋友圈"合集。**

《南村草堂筆記（外四種）》收録了近代嶺南文史學者鄔慶時四種筆記：《南村草堂筆記》《聽雨樓隨筆》《窮忙小記》《東齋雜誌》，以及由點校者所編的《鄔慶時談往四種》，另附録收入鄔氏之《白桃花館雜憶》，主要爲鄔氏懷念亡女之事。鄔慶時學識淵博，著述甚多，長期從事地方史志工作，他在詩歌、歷史、散文等方面都有大量研究和創作。他平生最痛恨文字之獄，著書立説，一絲不苟，認爲"一時疏忽，千古疑傳"，所以他寫的文章都很重視材料的真實。本書收録之五種筆記，皆可見其記録和論學、著述之嚴謹，于文學、史學研究頗有史料價值。

鄔慶時　著　胡文輝　點校

定價：88.00元

**搜羅嶺南文史學者鄔慶時學術識見之片光零羽，
呈現民國嶺南不爲人知的文史掌故。**

沈網底，苦搜荊棘覓蘭芳。生平潦倒成羈旅，文字
因緣在異鄉。賴有愛才賢太守，先栽桃李滿門墻。

灕江詩意圖序爲某司馬作

　　蓋以右丞詩好三唐畫意之宗，屈子騷哀千古離
憂之祖。過南楚者，寄懷蘭茝；賦西征者，憑吊雲
山。大抵跡誌春鴻，情傷秋燕，客愁所寓，故佳製
迭出也。某司馬生山水名區，饒詠歌韻事。才涵桂
海，賞窮碧玉之山；吟到珠江，魂斷綠波之浦。夕
陽芳草，都非夢裏之春痕；細雨梅花，畫是途中之
烟景。望白雲而淒斷，指碧水以瀠洄。此灕江詩中
所以多感別之作也。爾乃千里從軍，一官于役。大
旗落日，仗劍歌杜陵之詩；畫角秋風，倚馬草陳琳
之檄。槃槃嶽嶽，驅胸中十萬甲兵；轔轔蕭蕭，收
腕底百千佳句。既多篇什，亦且稍展經綸矣。然而
鞭絲帽影，故鄉之山水難忘；瑤想瓊思，客邸之夢
魂猶繞。渺渺青羅之帶，半縈吟衫；疎疏紅豆之花，
都牽醉纈。寄鄉心於毫素，舊雨題襟；付離夢於丹
青，斜陽滿紙。遙山斷水，指灕渚之烟波；淺碧深
紅，認故園之亭榭。一路橋霜店月，尺幅收來；幾
番雨夕風晨，寸心記得。如斯寄興，定許雅人，相
與傳觀，都稱佳構。君其作者，何慚鹿洞名流；我

亦覊人，怕看鴻泥爪印矣。

同治八年己巳正月，代馮司馬和某太守《靈芝詩》原韻：

　　四年乙丑春，捧檄來炎方。萬里入廉境，滿道仁風翔。群歌太守賢，夜户開無妨。勵精益求治，日側猶惶惶。冰兢時自惕，治理謙未遑。誰知化所被，百物已效良。依庇到草木，土和生奇芳。靈芝古罕覯，官署忽挺旁。天造如意式，蒨爛而輝煌。厚德契天寵，其理固有常。明年還復生，兩次呈嘉祥。下吏託仁庇，短綆亦得將。西靈久苦賊，民困難縷詳。藉手徼天幸，碌碌豈有長？實惟太守德，愷澤流遐荒。農既安耕鑿，女亦復蠶桑。大地不愛寶，瑞應斯章章。詎惟豐年樂，比户足資糧。人文並堪慶，吉士儀鳳蹌。會當紀青史，詩句石室藏。和歌企成憲，趨步誰能忘。

三月，應補合浦王香坪司馬之聘。時馮司馬奉檄回靈山縣本任，王司馬留予接辦。王名德溥，上虞人。

時白石場鹺尹爲同鄉徐君祝三，名以芬，會稽人。樂善好施，官廉前後四年，力行衆善，凡造義塚，施棺木、醫藥及捨綿衣，收字紙之類，無不爲之。所得廉薪萬餘金，無絲毫寄家。時復質衣履以應求者。以廉地向有溺女風，且多棄孩，擬捐資創建育嬰堂。先自捐二百金，而屬予作募捐小引。予爲集《四子書》一篇。惜徐君於明年秋間病卒，育嬰堂遂以不成，實廉之不幸也。

募捐建育嬰堂引集四書駢體

《康誥》曰：“如保赤子。”惟仁者善與人同，修已以安人，仁民而愛物。譬諸草木，栽者培之，人之牛羊，牧與芻矣。恩足以及禽獸，可以人而不如？孩提之童，夫非盡人之子與？雨露之養，是亦不可以已乎？

廉居北海之濱，地方千里，耕者有恒産，老者安之。其爲士者，謹庠序之教，聞絃歌之聲，恂恂如也，賓可以興。舍館定，堂高數仞，巍巍乎，爲觀美也。是時廉郡捐建賓興館落成，費數千金。慈幼恤孤蓋闕如也，窮乏者襁負其子，棄之不養也，惟女子有溺者。愛之欲其生，性也；立而視其死，安乎？遺俗流風，習矣而不察焉。

惟仁人惻隱之心，君子成人之美。餽兼金相助，受一廛以居。居之安則資之深，有天下易生之物；兼所愛則兼所養，豈適爲尺寸之膚。有孺子從而招之，來者不拒，有婦人焉育之。其金有餘存之，當而已矣，放於利爲可繼也。

其事一國之善士先簿正，而今而後，率由舊章。不失其赤子之心，皆能有養，可以贊天地之化，非惡其聲。求仁得仁，孳孳爲善；多助寡助，源源而來。擴而充之，彼所謂豪傑之士，莫善於助附之。以韓魏之家以善養人，後世子孫必有慶。與人爲善，必得其壽；悠久無疆，必有禎祥。孝子慈孫可坐而致也。豈矣，富人哀此煢獨，其是之謂乎？

題林烈女事實册

身是女蘿花，心是女貞木。妾心不可轉，妾身守如玉。一解。少小締良姻，郎嫌妾家貧。黃金世所重，貧富易其心。二解。忠臣不二君，烈女不二夫。無端忽棄捐，完我千金軀。三解。霜雪勵寒姿，巾幗有至性。海上雙華表，先後永輝映。四解。

題楊別駕清白圖

古來施報人物同，玉環夜獻黃衣童。關西夫子太不俗，子孫世世能清窮。誰知所積亦已厚，貂蟬七葉續漢宮。偶然放雀小事耳，薄施毋訝獲報豐。楊君有才邁倫等，英多磊落人中雄。篤忠貞志守先澤，爲清白吏綿家風。司馬繪圖相持贈，爰述祖德兼責躬。雞群不是久留處，會須振翮青霄中。

六月初四日，遵祖父母迭次諭言，納妾鄒氏，高州茂名縣人鄒元慶之次女，其祖爲府書史，父業經營。時予僅二女，未有子。寶臣弟亦僅得一子。既無伯叔，六叔祖早亡，無嗣。四叔祖亦無嗣。惟五叔祖有子二人，均幼。四房中兄弟行惟予兄弟兩人而已。門祚衰微，人丁稀少，故祖父母時以爲憂，屢有買妾生子之諭。嗣復奉諭言，知買妾一事，已遵諭辦就，慰甚慰甚云云。

七月，學琴兩操，粗成聲。先有友人張君幼堂，能琴。予甚慕之，爲予代購一琴，價七金，爲邑人黃君元裳所造。黃故善琴，習二十餘操。善繪事，知地理，家赤貧，泊然寡營，不愧三廉高士。至是授予《涼霄引》及《漁樵問答》兩操，習四閱月，始克成聲，蓋尚未得琴之萬一也。

題楊厚生秋宵鄉夢圖

鵲橋仙

家山萬里，鄉心一片，目斷吳趨不見。乾坤何處寄鄉愁，無事把雕欄憑遍。

桂枝香

桐陰半暗，蕉陰半展。冷疏疏、雨過齊頭，光漱漱、月浮波面。讀《離騷》問天，秋雲舒卷。秋懷幽倩慢俄延，祗待做箇還鄉夢，且向書窗一醉眠。

金絡索

秋從海外來，夢向家園轉。楓冷吳江，指點烟波淺。柴門落葉邊、好流連。三徑荒蕪松菊健。十年宦海浮沈客，千里江南頃刻間。神魂戀，怕孤鴻啼落小窗前。醒來時月墮珠簾，寒透青氈，依舊是、天涯遠。

漁燈兒

南州住我已三年，思鄉夢、八百湖邊。對秋光題詩自憐，悵奚囊書劍。指歸程無數山川。

尾聲

西風，一樣秋蓬轉。數雲山、何日是歸年。且共把、鄉心付與詩畫傳。

題王司馬尊人墨菊遺幀填楊①州慢詞

湖海萍蓬，庭階蘭玉，相逢留滯廉泉。又西風一度，籬落散金錢。自陶令、昇仙去後，詞人渺矣，

---

① 揚，應爲“楊”之訛。

秋色蒼然。祇家珍、可數綿延，幾世流傳。　今朝重九，把清樽、淒絶窮邊。老輩情懷，[①] 祖庭交誼，宛想當年。三十年來翰墨，蕭疏剩、幾縷寒烟。想南窗嘯傲，題詩知愧前賢。

十月，某太守壽。予以詩畫爲祝，有句云："籬邊老菊黄於酒，嶺上新梅香到詩。"

十二月初一日，寄家書一封，附瓊州燕窩四十兩，高麗參六兩八錢二分。

---

① "老輩情懷"一句，按詞牌名應爲五個字，底本未見缺字。

卷　二

五月，作《珠浦鳴琴圖序》。

六月十六日，寄家書一封。是月，廉郡大疫，城鄉死者無算。居停請作文牒城隍神以禳之，合署持齋月餘，疫稍減。其病有癧塊生腰項四支間，大如彈丸，色微紅，無所痛楚，一晝夜而殞，過時則生，然竟無方藥。

牒城隍文

合浦縣知縣王某謹牒呈城隍尊神曰：惟予不德，來令是邑。政教未行於時，德澤未加於民，頑俗澆風，無由革易。以致上干天和，降爲災癘，寒熱無節，民殃於疫。自冬徂春，未有寧息。今及夏令，所傷益行，計城鄉死者，無慮千百人。爲令者，爲百姓之心。目擊死亡之慘，恐懼修省，無一毫補救，豈非抱愧之情篤，而拯濟之術窮哉？夫人力所不能及者，神力能及之。惟神之靈固與令同，有斯民者也。令奉天子命，以治其陽；神奉上帝命，以治其陰，職也。有共爲百姓之心，目擊死亡之慘，而又爲拯濟之力所能及，則非神其誰與歸耶？謹齋沐虔叩，伏祈尊神，慈祥默運，鍊力廣孚，消疫癘於無形，登斯民於仁壽，以共體上帝陰隲下民之大德，私心竊虔禱焉。謹牒。

　　閲《浙江忠義録》有《湖州趙壯節公殉節》五律四首，其一云：“豈待孤城破，方嗟力莫支。從來疆守義，敢以死生辭。亂刃交揮處，危冠獨坐時。相持未相殺，鼠輩爾何知。”其二云：“裂眦呼狂寇，奚煩講説多。斷頭身自分，抗手意如何。厚貌從①爲爾，孤臣矢靡他。空勞尊酒獻，罵坐更高歌。”其三云：“猝爲群盜困，遑敢學文山。且盡從容義，聊驚醜類頑。單辭明順逆，正氣懾神姦。反復誰家子，相看祇厚顔。”其四云：“豈是天良見，環觀涕揮。②但期能悔禍，豈必與生歸。伏劍予何憾，授③戈汝莫違。漫收吾骨葬，暴露益光輝。”

────────

　　①　從，《浙江忠義録》作“徒”，見張景祁《浙江忠義録》卷五，清光緒六年（1880）采訪忠義局刻本。下同。

　　②　《浙江忠義録》“涕”後有一“泗“字。

　　③　授，《浙江忠義録》作“投”。

　　靈山縣署舊燬於兵火，馮司馬於回任後勸捐建復，以書來乞撰內外楹聯，其大門聯云："據廉水之上游，南標虎榜，北障龍池，並環秀鳴珂，無數山川趨要地；治炎方之邊境，惠政養民，嚴威戢暴，更興仁講讓，相期絃誦化巖疆。"暖閣聯云："關百姓性命身家，何嫌詳慎；樹千秋循良事業，不外慈祥。"花廳聯云："花木一庭，燕樂趨蹌皆末節；桑麻四野，鴻嗷疾苦要關心。"其暖閣一聯爲香坪司馬所賞，乃於合浦二堂並刊置之。

題某校書葬花圖·虞美人

　　東風妒殺嫣紅片，吹得春如線。一坏和淚葬香塵，只有生生世世、兩眉顰。　　賞心樂事誰家領，自怨楊花命。閑愁都在牡丹亭，杜宇聲聲啼與落花聽。

　　同治十年辛未正月初十日，寄家書一封。

　　四月，瓶中萬年青開花，一色類素心蘭，惟一瓣長寸許，狀如鳳眼花心，淺黃色，含苞月餘始放。或謂是花種年久者偶有之，然不多見。而此乃折枝插瓶，甫及半年，而花尤罕覯也。是月，爲德均周歲，因招諸友人把酒看花，紀以一絕：

九節菖蒲未足誇，膽瓶開出萬年花。紛紛嘉瑞都休說，二老康強福壽遐。

是月，居停奉文調省，新任未到。五月初六日，舉行歲科試，從邑紳請也，請予總理校閱。代作《留別場中諸文童》三律：

自縮銅符海角行，頻年踪跡感浮生。久拋故國千巖秀，來試廉泉一勺清。荒徼未曾除伏莽，風檐且喜集群英。手披萬卷深宵裏，網得珊瑚照眼明。

撫字今成虛願賒，兩年哺餟累民家。愧無建樹堪書竹，得卸仔肩幸及瓜。絕域人才珠媚浦，郭門離思柳依沙。諸君莫負相期切，鳳起蛟騰蔚國華。

山水相依可得忘，大廉曉色故蒼蒼。循良事業真虛左，文字因緣結此方。萬疊珠波迷極浦，一天梅雨送歸艎。投詩聊作拋磚引，佳句應須滿錦囊。

題文姬歸漢圖

炎劉事業太凋零，胡虜中原戰血腥。殃及蛾眉千古恨，禍胎無奈是桓靈。

但有黃金便得還，歸途楊柳夢魂間。不堪回首當時路，馬上朦朧度玉關。

駱漿氊幕惜深藏，薄命如斯事可傷。縱有胡笳傳怨恨，知音不是左賢王。

奇才艷質總天生，誰遣胡沙萬里行。十二年來空自惜，一生心事不分明。

斷竹愁絲盡可哀，賜書千卷亦塵埃。披圖我欲雙流淚，瘦死中郎絕世才。

賸得身如蕉尾琴，千秋何處覓知音。後人要作原情論，咽雪餐氊一樣心。

萬里秋風塞草黃，有才無命遍遐荒。年來閱盡兵戈劫，不爲丹青始斷腸。

代作武帝警世書序

昌黎韓氏曰：神在天上，如水在地中，無往而不在也。聖帝致曹公書曰：心在身中，如日在天上。又降筆云：凡日光照處，皆有吾在。嗚呼，其可畏也已。人惟無所嚴憚，則欲肆而邪勝。欲肆則惡叢，邪勝則正汨。隱微之地，刑章所不加，而鬼神能察之；村野之夫，禮樂所難化，而果報能警之。是以《寶籙》曰：宣聾盲稽首，神刀寒重，婦孺驚心。凡以發其嚴憚之心，使知水之所流，日之所照，皆有神在，不敢肆其欲而日即於邪，於以佐禮樂政刑之所不及，其功不亦偉乎？合邑某茂才刊布是書，問序於予，喜其有心世教，謹誌數語，書於卷端。

題畫絕句

古木聚寒翠，遥山澹夕曛。詩人何處是，松舍隔秋雲。春花散紫雪，風物如□陂。獨醒應不得，沙暖睡初宜。江鄉小兒女，結伴採芙蓉。相逢無別語，一曲滿江紅。祇知蓮葉香，不識蓮心苦。雙雙白燕子，蓮塘鎮相聚。綠塵凝綺陌，滿地繡成茵。痴絕春駒子，休驚夢裏人。池蓮香可餐，水荇思一呷。晚涼閒倚杖，呼名聽鴨鴨。君山如蛾綠，洞庭盛月光。孤飛逐清景，隻影落瀟湘。

又七絕二十一首

秋風飄蕩粵江西，未免才華笑不羈。無奈江湖塵土滿，可能安穩一枝棲。

金風亭長領鴛湖，百首新詩抄絕無。而今文采都無用，飄泊煙波作釣徒。

不落紅塵受俗囂，雙棲穩占一枝巢。使君莫作尋常看，凡鳥還能育鳳毛。

春到南湖處士家，故園花草繫年華。同鄉借得山陰句，木筆初開第一花。

老來無子莫忡忡，早晚隨時了不同。不信試看榴五月，子多全不仗春風。

秋光澹到洞庭東，枯蓼花疏水褪紅。弱跡不經風雨慣，釣絲閒立可憐蟲。

野外東風故故吹，枝頭雙燕影參差。畫梁待爾歸飛早，一桁珠簾不敢垂。

一拳瘦石碧玲瓏，短篠迎風翠色空。水底游魚深不見，祇緣枝上釣魚翁。

冰雪聰明世外香，水邊籬角影昏黃。芳心竟肯隨春態，爲伴風流時世粧。

淇渭清風粉黛姿，今朝誦到衛公詩。無端攙入東坡句，倒挂綠么么鳳時。

浮沈深海怨羈棲，家在西湖西復西。滿地春花畫如錦，絕無依榜也高飛。

老圃秋容晚節香，一枝瘦影傲清霜。如何不見歸田客，三徑黃華盡日荒。

老龍臥地混塗泥，翠滿空山夕照低。何處飛來雙白鶴，故山知在浙江西。

本是山中乳石頭，能拖綬帶便風流。笑君不耐寒霜雪，占得梅花見鶴羞。

幾點秋光籬落邊，陶公高節少人傳。知君也有不平事，昂起頭來欲問天。

回首深宮不記年，烏騅逝後落人間。舞衫零落無顏色，祇與空山野鳥看。

西風幾度轉天涯，一葉鳴秋感歲華。不惜梧桐容易老，後來還有傲霜花。

自住深山得自如，紅塵不到地無餘。杜陵舊句多堪畫，嬾性從來水竹居。

艷陽天氣艷裁詩，管領春風占一枝。不信夭桃容易落，野花紅到白頭時。

頑石叢中寄此身，祇應蜂蝶與爲鄰。胸中本是無邱壑，戴得高冠去嚇人。

生來毛質太稀微，齷齪形容惹是非。石底草根閒過活，不知天外有鯨鯢。

前詩跋語

王厚甫、春甫昆仲，以壽山畫師花卉、翎毛册數十幅索題，且以汾酒、鄉味相餉。乘醉疾書五、七絕若干首如右，酒兵衝擊，意馬奔馳，詩成蓋兩時許耳。予飄泊江湖，詩學漸廢。偶有酬應，率皆打油之作，何足以云詩。風雨蠻鄉，自嗟荒落。而厚甫昆仲愛忘其醜，敦促再三，且握別有日，不免黯然於懷。書成，還之賢昆玉收藏，亦於海角天涯，風濤出没之間，留一段詩畫因緣，爲他時話舊之佐，良非偶然也。時同治十年六月日。

七月初四日，移寓西新橋公館。是月二十七日丑時，生第三女。

五嶽之游，人所稱慕。然能身歷者，古今曾不數人，所謂“五嶽前期負向禽”者多矣。近見粤人黄君，忘其名字，有《游五嶽記》一卷，殆真身歷者也。摘録其語記之，亦宗少文卧游之意耳。

南嶽衡山，自湘潭出郴州河口達湘江，沿湘東下，由衡山縣南門外折而西，抵山麓，有岳廟，其見日臺在上村寺東，臺側有石室，中竪屵①嶁碑，蝌蚪拳曲，鸞鳳漂泊，即昌黎以搜索不見爲恨者。西有祝融峰，爲七十二峰之冠。中有青玉壇，方平二丈，石多裂紋，游者鐫名其上，字跡縱横，幾不可置足。遠望洞庭風濤，若隱若現。朱子謂據祝融之絶頂，以臨洞庭風濤之壯者。

自岳廟至巔七千丈有奇。東嶽泰山出泰安州北門，其南天門懸道千仞，細石萬級，兩崖遞貫鐵緪，登者猿攀而上。其碧霞元君祠，銅垣鐵瓦，以禦罡風。堦前竪

① 屵，當爲“峋”脱筆。

銅碑二，高丈餘，蓋明萬曆時建也。天柱頂有玉皇祠，即古登封臺，有秦時無字碑。夜中東南隅紅光隱躍，即有紅輪一線，出而復入者再，忽金光箭發，迅倏萬道，隱裏金橘乍躍。及紅輪甫現，即有雲霧四起，忽不復覩矣。嶽廟在州城內。北嶽恒山在塞外，由易州西北出紫荊關達渾源至山麓，自虎風口折而北至嶽廟，廟立山坳，殿宇依山聳出，與諸嶽廟在山下者迥別。

中嶽嵩山在登封縣，四圍峻嶺，絕不通車。西入自嵩縣，東南入自禹州，路皆阻長。惟北從偃師入，近而稍平，有少林寺，問陀羅拳棒法，蓋無有也。有大行二室，二室爲嵩山最高處，嶽廟在黃蓋峰下。蓋縣城東八里，又有測日臺，臺上有土圭，高約七尺，上銳下廣，即周公測日處。適日晷卓午驗之，信然。番禺陳恭尹《獨漉堂詩鈔》謂"土圭無影日中天"，蓋謂是也。俗又名無影臺，臺之旁有周公廟。又嶽廟內有壽星石，石乃碑版，中作老人影，非畫非刻，亦一奇。按《唐書·天文志》：大火、壽星爲中州，其神主乎嵩邱。又《新唐書》壽星在商亳西南，北在連太室之東，毋乃因此附會與？

西嶽華山在華陰縣，中有升嶽門，有迴心石，石之東乃峭壁，循壁側仰懸崖，中裂兩壁，相摩入雲，露天一線，上敧下直，隘容一人。內鑿石爲直梯，石缺支以板，貫鐵索於兩旁，懸懸十餘丈，此千尺㟷也。又有南

峰，即落鴈峰，爲三峰之中太華最高處也。一東峰即白
雲峰，爲三峰之右。一蓮華峰，即西峰，爲三峰之左。
又有玉女峰，廟祀玉女。廟旁有白馬石，石上小砍貯水
不涸，爲洗頭盤，深不及二尺，誌稱水深不測，下達龍
宮，誤也。

八月，讀《真文忠公全集》，《大學衍義》及《心
經》、《政經》並詩、文、雜著，共一百冊。是月，作
《龍門江義園記》。

贈別香坪司馬

梅雨催詩別思紛，隨潮萍葉感同群。三年北海
陪賓客，一棹西河看水雲。囊底尚餘花木記，琴心
遙憶洞庭君。中原回首思無限，如髮青山易夕曛。

九月九日，起程回省。仍由西江舟行，舟中著《杞
言》一卷，爲洋務備禦之策也，曰：《集陸兵》、《練水
師》、《籌積儲》、《假名色》、《結外援》、《禮才能》、
《守要隘》、《置軍裝》、《明正學》、《修主德》，並叙共十
一篇。

十月初九日，抵省，寓天香街。

十一月二十四日，接祖父諭言，祖母老弱氣喘，病勢甚重，諭令即速回家省視。其時省河適有輪船名"珠江"者往上海，遂於二十六日巳刻下船，由上海至寧波，於十二月初十日辰刻抵家。詎料祖母已於十一月二十四日壽終。萬里奔回，業已無及，嗚呼痛哉。此次輪船由省河至香港開洋，抵上海，共六晝夜。越日，至寧波。計自粵抵里，共十四日。而在粵奉信之日，即祖母棄養之時。病不視藥，殮不憑棺，作客者每有此恨，嗚呼，痛哉！

同治十一年壬申二月十六日，由家起程，與高沆甫表弟同赴粵。祖母葬地本在會稽，土名阮家灣，山穴契買有年。因是歲山向不合，兼歲星壓祭主，日者謂大不利。祖父諭令俟來年卜葬，並以阮家灣山路高峻，擬另擇善地，暫停柩於家。蓋葬事既未能舉辦，帶回銀兩喪用一切亦已告罄，祇得仍回粵東，於三月初一日到省，計行十五日。此次風恬浪靜，與內河舟行無異，在海中五晝夜，寢食如平時。蓋予三次航海，惟此次最為平善耳。是月，令沆甫弟在廣州府署友人趙君處學習名法。

八月，移寓錦榮街。

九月，作《蝸廬記》、《逐鼠文》、《刑法論》。

同治十二年癸酉二月，著《徹雅》，有《天文》、《地輿》、《文字》、《貢舉》、《漕運》、《鹽法》、《關榷》、《賦役》、《税課》、《積儲》、《錢法》、《度支》、《河工》、《宗廟》、《官制》、《律吕》，共十七篇。

三月，作《送王厚甫序》。

題畫屏祝壽絶句八首

萬頃滄波曉日紅，鶴鳴天半彩霞中。不知今夕群仙會，春在蓬萊第幾宫。海日、鶴。

九重天路八雲長，春到瓊臺鳳亦翔。王母昨宵頻賜酒，鸚哥銜出紫霞觴。鸚鵡。

春色先從上苑傳，花光人影倍相鮮。東皇也晉岡陵頌，一字呢喃壽百年。桃花、燕。

雪肌花貌集群芳，簇簇春風鬥玉粧。更有一枝天上種，錦衣多惹御爐香。折枝。壽母次女爲今貴嬪。

壽相多從佛性培，蒼松千尺緑雲開。隨行自有垂天翼，飛向金鰲頂上來。松、鷹。

瓊樹扶蘇集鳳鸞，階前仙客醉猶歡。紫薇花下春風起，吹滿芙蓉碧玉冠。高冠雀、紫薇。

萼緑華來醉面酡，珊瑚交映玉枝柯。海隅莫訝春光早，聖代於今雨露多。紅綠梅。

　　五雲深處繡屏張，文采仙人更擅場。畢竟南州風物麗，彩禽啼上荔枝香。荔枝、孔雀。

　　五月，赴新安縣署，爲友人某代庖。友人故多藏書。讀李百藥《北齊書》、李延壽《南北史》、《陳白沙全集》、呂涇陽《呻吟語》諸書。時新安令琨君齋中萬年青開花，與予前歲所開者同，因贈一詩：

　　　　清簟疏簾裊篆烟，奇葩開到硯池邊。此花見我如相識，好事從君説往年。滄海月明珠有種，河陽花滿玉爲田。無端又泛東溟棹，暫借琴堂奏七絃。

　　閏六月，回省，移寓甜水巷。三女以麻疹亡，兼殤一婢。

　　七月，撫院友人俞君邀予勷辦，遂下榻院署西軒，讀陶宗儀《説郛》一百二十卷，陶珽《續説郛》四十六卷，及《漢魏叢書》、《大金國志》諸書。

　　時將秋闈，監臨張中丞以貢院各處楹帖向由兩首邑學官撰，擬皆照舊抄録，語句甚劣且有未通順者，囑爲一一改正，但令屬對穩妥而止。文闈各聯已由俞君改定，其武闈者，皆予改撰，共百數十聯。雖不盡佳，然亦是一種不朽筆墨。茲錄略穩者數聯。明遠樓云："劍氣珠光昭日月，方壺員嶠煥烟霞。"內簾云："當簾皓月舒弓影，入戶新霜拂劍花。"較場箭亭云："禮讓無愆百發皆中，馳驅有範一塵不驚。"撫署鷹揚宴云："群英逢大比之年，看劍氣凌雲，珠光耀日；嘉宴值小春之候，喜東籬菊滿，南嶺梅開。"此外長聯甚多，皆失記不錄。

九月，輯《筆寶》三卷。

代何棣山學使謝恩摺

奏為恭謝天恩事。竊臣近接家書，知臣子某應本年癸酉科原籍江南文闈鄉試，由附生中式第幾名舉人。伏念臣世守遺經，才慚致用。詞垣忝入，文柄旋持。曾無補於涓埃，方滋愬於夙夜。臣子某功疏蛾術，學少燕貽。茲逢秋榜榮開，遽爾賢書幸列。凡此隆施之稠疊，實為欽感以難名。臣惟有倍凜冰淵，益勤衡鑑，並勖臣子廉隅共勵，文行加修。九重之恩露莫酬，傳家學淺；累葉之科名難副，報國心殷。所有微臣感激下忱，謹繕摺叩謝天恩，伏乞皇上聖鑒。謹奏。

閱宋人方勺《泊宅編》云：有稱中興野人和東坡《念奴嬌》一詞，題吳江橋上。車駕巡師江表，見之，詔物色其人，不復見矣。其詞云："炎精中否？嘆人才委靡，都無英物。胡虜長驅三犯闕，誰作長城堅壁。萬國奔騰，兩宮幽陷，此恨何時雪。草廬三顧，豈無高臥賢傑？　天意眷我中興，吾皇神武，踵曾孫周發。河海封疆俱效順，狂虜何煩灰滅。翠羽南巡，叩閽無路，徒有衝冠髮。孤忠耿耿，劍鋩冷浸秋月。"

閱元人李有《古杭雜記》云：南宋時蜀人文及翁登第後，期集游西湖，一同年戲之曰："西蜀有此景否？"及翁即席賦《賀新郎》詞云："一勺西湖水。渡江來、衣冠如夢，百年醺醉。回首洛陽花世界，烟渺黍離之地。更不復、新亭墮淚。簇樂紅粧搖畫舫，問中流、擊楫何人是？千古恨，幾時洗？　余生自負澄清志。更有誰、磻溪未遇，傅巖未起。國事如今誰倚仗？衣帶一江而已。便都道、江神堪恃。借問孤山林處士，但掉頭、笑指梅花蕊。天下事，可知矣。"此詞"渡江來"之下原本闕四字，予以"衣冠如夢"四字補之。此種以曲爲詞，非詞之正宗，蓋南宋時已有之，乃本朝蔣心餘《銅絃詞》之淵源也。

予見趙文敏仿李伯時《西園雅集圖》，有被黃道服者爲東坡，桃巾紫裘者爲王晉卿。又蔡天啟、李端叔、蘇子由、黃魯直、晁無咎、張文潛、鄭靖老、秦少游、陳碧虛、米元章、王仲玉、圓通大師、劉巨濟、李伯時，凡十有六人，款書至大二年三月。

　　國初文人有嶺南三家，首陳恭尹，而屈翁山、梁藥亭次之。恭尹名元孝，順德人，隱居不仕，自號羅浮布衣。工詩、古文，精書法。其詩清迴拔俗，得唐賢三昧。古體閒入選理，一時習尚無所染。王漁洋、趙秋谷尤推重之。著有《獨漉堂集》。

　　梁藥亭，名佩蘭，字芝五，南海人。康熙二十七年進士，選庶吉士，即假歸，周游名山，與海內諸名宿相酬唱。漁洋、竹垞皆推重之。著有《六瑩堂集》。

　　三家之外，同時有程可則，字周量，號湟溱，南海人。順治九年會試第一，由郎中出知桂林府，與漁洋、荔裳、愚山、西樵、茗文，及沈繹堂、曹顧菴，稱海內八家。其詩俊偉騰踔，聲光熊熊，品在劉公戤、董玉虯之右。著有《海日堂集》。

　　三家以後，風雅寥寥。至乾隆中有張藥房、馮魚山、溫簣坡、趙渭川、胡同謙、黃虛舟、呂介卿諸君，而以黎二樵爲冠。二樵名簡，字簡民，順德人。十歲能詩，峻拔新峭，錘鑿鈒鍊，自成一家。充乾隆己酉選貢生。

善書，得晉人意，畫入元人堂奧，有三絕之稱，與德清許周生友善。著有《五百四峰草堂詩鈔》、《藥烟閣詞》、《芙蓉亭樂府》等書。

張藥房，名錦芳，字粲夫，順德人。乾隆進士，官編修。淹貫群籍，善書，工繪，尤深於詩，與魚山、同謙稱嶺南三子。又與二樵、虛舟、介卿，號嶺南四家。著有《逃虛閣詩鈔》、《南雪軒文鈔》。

馮魚山，名敏昌，字伯求，欽州人。乾隆進士，由庶吉士改户部主事。生平遍游五嶽，詩追李、杜。所著《羅浮草堂集》，巋然爲嶺南一大宗。

温簀坡，名汝适，順德人。乾隆進士，由編修累官兵部侍郎。其詩詞氣和平，肖其爲人。著《攜雪齋文鈔》、《呭聞録》、《韻學紀聞》、《日下紀游》①　等書。

趙渭川，字希璜，長寧人。乾隆舉人，官知縣。少讀書羅浮山，噓吸雲烟，灑淪肌骨，故詩絕無塵俗氣。著有《四百三十二峰草堂詩》。

胡同謙，名亦常，字豸甫，順德人。年二十五即以詩名。舉乾隆辛卯鄉試，早逝。有《賜書樓集》。

黃虛舟，名丹書，順德人。書過目不忘，築聽雨樓隱居養親。乾隆乙卯舉於鄉，朝貴爭延之，不就。嘗曰：

---

①　即《日下紀游略》。

貧與富交，則損名；賤與貴交，則損節。朱文正公撫粤時，尤器重之。工書，善畫。詩出入唐宋，尤近於蘇。

呂介卿，名君堅，號石帆，番禺歲貢生。有《遲刪集》，入《嶺南四家詩鈔》。

是後至嘉道間，有宋芷灣、張南山二君。宋名湘，字煥襄，嘉應州人。嘉慶進士，授編修，與四川、貴州試，授曲靖知府，遷湖北糧道。襟抱豪邁，詩磊磊落落，從真性情坌涌而出。有《不易居齋集》，並《豐湖漫草》、《燕臺》①、《滇蹄》② 諸集。與番禺張子樹莫逆，嘗索觀已刻詩笑曰：一唱三嘆入人心脾，我不如子；哀樂無端飛行絶跡，子不如我。

張南山，名維屏，字子樹。道光二年進士，官知縣，援例改同知，權南康府。未幾，罷歸。少負才名，以風雅飾吏治，與陽春譚康侯、香山黃子實稱粤東三子。自號松心子，又號珠海老漁。有《聽松廬文鈔》、《詩話》、《松心日録》、《老漁閒話》諸書，而所輯《國朝詩人徵略》，尤有功於文獻云。

本朝名臣得謚文正者，惟湯公斌、劉公統勳、朱公珪、杜公受田、曹公振鏞、曾公國藩。蓋二百數十年中，

---

① 即《燕臺賸瀋》。
② 即《滇蹄集》。

僅得六人而已。

本朝漢人由提督轉總督者，趙良棟父子、岳鍾琪、梁𩇬、楊遇春五人。良棟子名宏燦。

國朝乾隆中並時有四戴，皆顯達有學行，一爲文端公衢亨，字蓮士，江西大庾人。乾隆四十三年以一甲一名進士授修撰，時年二十四，官至體仁閣大學士，御製詩賜之，有"鳳閣隨雙彦，鰲頭冠衆英"之句，年五十七卒。一爲戴均元，字可亭，文端公之叔父，以乾隆乙未進士授編修。後文端十年官東閣大學士，坐事除名，年九十六卒。一爲簡恪公敦元，字金溪，浙江開化人。乾隆五十五年進士，選庶吉士，官至刑部尚書，年六十七卒。幼時嘗過外家，有書八架，一月盡讀之。舉神童試，目短視，觀書以紙磨鼻，一磨竟一紙終身不忘，罕爲詩文，最喜天文律算書。然卒未嘗自立一説。一爲戴震，字東原，休寧人。讀書過目不忘，以舉人薦充四庫書纂修官，欽賜進士，授庶吉士，年五十六卒。校定《周髀算經》、《孫子算經》、《儀禮識悮集釋》等書十餘種，自著有《勾股》①、《策算》、《續天文略》、《水地記》並文集及諸説經之書百十卷。

---

① 即《勾股割圜記》。

自古文人能五官並用者，自劉穆之外，殊不多覯。本朝有崑山徐健菴尚書名乾學，蕭山毛西河太史名奇齡二人。

十二月，應委署欽州張松谷太守之聘。張名權，上虞人。能詩，有《錄屑軒稿》。

是月十八日，寄家書一封。

同治十三年甲戌正月初二日，赴欽州。由西江經廣西梧州、潯州，至橫州之南鄉登陸，行百二十里至東省靈山縣之陸屋，復乘舟，越日抵欽州南門天涯亭登岸。二月初十日進署。予前客合浦四載，於十年秋杪回省，竊擬不再作邊遠之行。奈萍葉浮踪，雨飄風蕩，又來瘴癘之鄉。搖搖箕口之簸揚，步步磨驢之陳跡，天涯海角，足繭蘭心疲，皆付之無可如何而已矣。與越南國接壤，合浦有海角亭，欽州有天涯亭。

三月，作《哀柳賦》。

四月十七日，寄家書一封。

是月二十五日卯刻，又舉一子。越七日，以病喉不育。

時越南政務廢弛，盜賊鑫起。有中國民黃英、蘇亞鄧及洋盜鍾洪元等，蟻附鴟張，爭爲長雄。並有法國兵船突入河內省地方，據其四城。欽州西南邊界與越南廣安省、海寧府毗連，奉文撥兵防堵。

其國王阮呈兩廣總督照會云：爲咨呈事，奉照同治十一年臘月，適有涂普義船投來下國河內，聲稱雲南提督馬大人委辦軍裝，要溯老街，取路赴滇。以禮法阻之，不肯順聽，日益肆橫，業已咨呈貴大人知照矣。第涂普義乃係法國人，經咨現住嘉定之法國官游嘿嚟飭回。嗣派安業鄂哬到此，與下國河內官吏講説，間有不和。尋於去年十月，乘其無備襲取河內及海陽、南定、寧平四城。下國經與該法帥理論是非，該帥隨將四城交還。日下已相安無事。惟上游之三宣等轄，尚有黃英匪黨憑險偷生，擾害方民，日甚一日。去年貢使潘仕淑進京，因便齎表叩閽請命區處，於未蒙得旨之先，適因有事，該匪愈加擾橫。下國如西使臣黎峻與法帥商及匪事，該帥因與之修檄文一道，飭令黃英投戈出首，率黨退散。此次該使阻隔天外，不及商其可否，乃者莊接禮部公文報叙奏疏，經於同治十二年十一月十四日，奉大皇帝諭準廣西劉撫院、馮提憲妥籌奏辦，仰見天朝一視同仁，不分中外。幸蒙劉、馮二大人仰體柔懷至意，早議何方將該匪黨盡數擒滅，邊方及早肅清，無復煩擾，下國實深翹切，初非持此傳檄而定之也。除另呈廣西撫院提憲知照外，輒此具由布達，統祈審諒，春風送爽，遙禱榮禧。

須至咨呈者，西洋各國有賽寶之會，數十年一舉行，各國寶貨、奇器、世所罕見者，均可賷往羅列，即因此以爲市易，謂之賽奇公會。

是月，有美國照會兩廣總督公文云：竊本國賽珍大會一事，業經本國駐京公使照會恭親王，轉行奏聞貴國皇上聖鑒，蓋以該會之設，欲普天下各國咸知，以便列邦均有奇珍之物，如土產諸物，或人事巧造，異樣新奇，與夫奇禽怪獸，陸續賷送到院。屆期羅列滿院，以博衆觀。該會係設在啵唔囉嘆呃呵省啡嘩咃啡呵①府屬地方，卜期一千八百七十六年七月初四日，約於同治十五年五六月之間。由是日起，將列邦之奇珍諸物，一概羅陳堂上，以俟列邦官紳士民赴觀賞識。至興盡之日，即任從諸衆購買。是以列邦預期親帶諸物抵本國者有之，自行購便奇珍浼親友帶至本國者有之。是舉也，普天下之列國奇珍，見所未見，覩者可以娛目，購者樂有珍藏，甚盛事也。尤可於會中目覩諸邦之士女如雲，摩肩接踵而

① 即美國賓夕法尼亞州費城。

至，則天下人物一一得諸異覯。於斯時也，置身場中者，誠足以廣見聞而悅心目。理合伸陳貴中堂預知會，合無仰懇劄飭各道府州縣週知，俾有志之官紳士民咸知，預擬將何樣奇珍之物議送瞻望，奚如？

又《賽會誌》一件云：蓋自合衆國由乾隆乙未年開國以來，至同治丙子年三月，係百載週期，正值開立賽奇公會之際，特借此以作慶賀者，非僅誌一時之盛典，實有關億兆之經營。

考自往古人尚文風政治，國家尊崇士類，而遂以工商農業爲末務，歷年非不久遠，究無利民之效。近世風俗丕變，爲政者咸知以利於民用爲先，故格物之學尚焉。萬民日用之際，自農具、兵器及衣食服用之事物，無不借力於機器。而機器之法，無不出於金石、水火、化學、算學之中，精於藝學之極爲出類拔萃者。然其技雖精，其物雖巧，若無比較以勸勉之，究不能實有進益。故於前二十年創此賽奇公會，令天下萬國之民各出珍奇之物，聚於一處，相爲比賽，有出奇者，顯揚其名，故二十年來各國皆得暢行此會焉。即如前二十二年辛亥在英倫敦京城，乙卯在法巴理京城，壬戌仍在倫敦，丁卯又在巴理，三五年一輪，至癸酉奧國亦開此會。

其始於法京時，僅本國各省公會，漸立各國公會；其堂宇之地，初不過六十畝，漸增至三百畝；而送物之民自一萬五千人，漸增至三萬人；游覽者自六百萬人，漸增至千數百萬人；費銀自二百萬元，增至千萬元；所建堂宇始即精巧，後更靈妙，故倫敦有水晶宮之目。至法京丁卯開會時，愈極美好。殿宇洪廠，圓頂如蓋，重閣複室，層次井然。其陳物之所，分門別類，令游人一目了然。俄頃之間，各邦游遍，真奇觀也。癸酉奧國㖭唸呐城①特開此會，其堂宇寬宏者，無殊英法。長樓飛閣，圓頂如籠，文窗網户，皆玻璃所成，渾淪浩渺，怳置身於水晶宮闕也。且此會中國與日本皆深體此美意，諭令工藝運物往赴，可見人皆慕善，中外有同心焉。

故美國在丙子年，繼往開來，擴充此會，特於嘈唎哃嘈城②景山圍内出銀千萬元，借以作慶賀本國百載週期之舉。溯念美國疆土初止十三省，現已四十七省；民人初止三百萬，現已四千萬，且皆性生靈巧，能致富强。其堂址寬廣三百畝，複室重閣，縱橫層次，以列萬國珍奇品物，且於預先將奇物門類綱目一一彙集成編。不惟於美國聚賀之舉，同深慶幸，且於友邦氣誼之際，益見真誠。詳述巔末，爰爲誌之，以備查考。

六月，彗星見。

---

① 即奥地利維也納。

② 即美國費城。

七月，奉文籌辦海防。是年春間，日本國與臺灣土番搆兵，情形極爲詭譎。朝命沈幼丹中丞爲欽差大臣，在籍辦防。總理衙門復奏請密飭兩廣、兩湖、三江七省籌辦海防，故有何處應設防兵？何處應立砲臺？並應如何聯爲一氣？得操勝算之處，着該督撫妥籌奏辦之旨。是月，行文到州，誠爲今日至切最要之大舉也。

日本在東洋，爲今和約之國，前明謂之倭，通貢不常，時有侵犯。洪武中，沿海列戍，自登萊至浙，凡築五十九城，調民丁爲戍兵，置衛、置所、置巡檢司，並五等哨船，以時出哨，延袤萬里。迄嘉靖初，因漢奸勾結，大肆焚黝，始於浙東，既而瀕海諸郡，所至殘破。尋以御史胡宗憲爲總制，計擒賊首汪直，浙西、江東始獲小安云。

去年冬，有羅清者，自日本來，奉其國命招中國文學之士，輾轉訪予。筆談數日，固請偕往，且約歲送銀三千員。由香港輪船至國，風順十日，遲亦半月可到。具道國中崇尚風雅，多爲慫恿之詞。予窺其來意，另有所屬，乃託故謝絕之。誰知即於今年春間，果有事於臺灣也。羅能詩，予有七古一律贈之，錄《清聞堂詩稿》內。

八月，籌修虎門砲臺。虎門內外砲臺數十座，毀於道光二十一年和議始就之時。至是籌款興工，一律照舊建復。

是月十二日，大風雨，香港、澳門颶風大作，海水驟漲二丈餘，壞各國夾板輪船無算。中國自置澄清、飛龍兩輪船亦碎，死者萬餘人。英國白雲輪船最堅固，大如山，亦折斷兩截。澳門渡艇千數百，風定後，僅存二百一十餘隻。欽州相隔較遠，惟烈風驟雨數陣而已。余見唐劉恂《嶺表錄異》云：廣州去大海不遠，每年八月，潮水最大，復多颶風。當潮退時，颶作而潮又至，波濤溢岸，淹沒廬舍，沈溺舟船。南中謂之沓潮，或十數年一有之。俗又謂之海翻，蓋即此也。

九月，輯《詞科徵略》二卷。

《賓退錄》載：知欽州林千之坐食人肉，削籍隸海南，天下傳以爲異。余謂今之州縣，不爲林千之者蓋寡矣，何異也？林，宋人。

粵中刺竹即笐竹，有華實如麥，可食。與蒜同食，殺人。約五十年一實。按《唐書》開元二年，嶺南竹有華實如麥，竹莖枯死。是歲大饑，民採食之，蓋亦饑荒之兆也。

　　分茅嶺在州西南三百六十里之古森峒，與交阯分界，
山頂茅草南北異向。相傳漢馬援征交阯立銅柱其下，以
表漢界。

　　銅柱去分茅嶺尚遠，漢伏波將軍馬援既平交趾，立
此柱。上有銘云：銅柱折，交趾滅。交人懼，常加石以
培之。明崇禎九年，張國經遣峒官訪銅柱遠近形狀。回
稱，向無有到其地者，有貼浪都老叟黃朝貴云：萬曆間
曾親至其地，見茅果分垂兩邊，去銅柱之所，尚多一望
之遠，柱頗斜向交趾，擁以土石。今高不滿一丈，見者
皮骨都寒，不敢近前。其大不知幾許，字之有無，亦不
得知也。自貼浪至彼，須十六日，行夷地十餘日，去州
治蓋二十日。按《舊唐志》謂西南三百六十里者，誤。
又《舊唐書》：節度使馬總以銅千五百斤，鑄二柱，於漢
所立銅柱之處，刻書唐德，以繼伏波之跡。《林邑記》：
建武十九年，馬援植兩銅柱於象林南界。《晉地理志》①
曰：南郡象林有銅柱，漢立此爲界，今尚存。《隋書》：
大業元年，劉方敗林邑，經馬援銅柱，南八日，至其國
都，刻石紀功。《唐南蠻傳》②：林邑南有銅柱山，馬援
所植。至明皇時，詔何履光以兵定南詔，取安寧城，復
立馬援銅柱而還。據此則所謂銅柱者多矣。古森峒之銅

---

①　即《晉書·地理志》。

②　即《新唐書·南蠻傳》。

柱，乃唐馬總之所建，非伏波也。即貼浪老人所見者，亦係後人更置，非漢之舊。蓋地處荒僻，人跡罕經，記載紛歧，各爲一説，考古之事蓋有甚難者矣。

欽州有白鹿，大軀長角，玉雪其色，馴狎可愛。然自昔有之，不足爲異。又出六目龜，然實止兩眼，餘四眼乃斑紋，與真目並排，細辨方知。唐莊宗、宋太宗時，均有獻六眸龜者，即此也。

《水經注》引俞益期箋曰：馬文淵立兩銅柱於林邑，遺兵十餘家，不返，悉姓馬，自爲婚姻。今有二百户，交州以其流寓，號曰馬流，即十萬山中之馬流人也。韓昌黎詩“衙時龍户集，上日馬人來”，今亦不聞有此類矣。龍户即今蛋户。

十月初二日，寄家書一封。

九九消寒圖填詞調曰九九令
共八十一字每字九筆爲張竹鄰老人作也

苑柳紆眉，庭柯待苗，持杯要盼查紅。帝城孤客，負却畫屏風。矧計是、苔侵亭砌，妍姿依約指星紀，怨侯封。　訂信春前、相思秋後者，迴笑

度垂虹。柔娟促侶，幽室炷香重。飛英恰恐盈襟袂，
奈哀音背面，便俛首、恨忽忽。

是月，日本議和，臺灣事息。

卷　三

乙亥年二月初三日，見《邸抄》十三年十二月初五日，大行皇帝龍馭賓天，奉兩宮皇太后懿旨，以醇親王之子入繼文宗顯皇帝爲嗣，將來嗣皇帝生有皇子承繼大行皇帝爲嗣，建元用光緒二字，太后垂廉聽政，御名湉，字缺筆作湉。

初七日，奉文及儀注單，自文到之日，各官均摘纓素服，朝夕哭臨三日。如遺詔到日，在成服之二十七日內，各官皆縞素接詔。若已釋縞素，即素服摘纓恭接，不再哭臨。文到二十七日內，一切公文用藍印，各官二十七日內服縞素。二十七日外，百日內，穿青袍褂綴纓頂，夏季戴雨纓帽。百日外，二十七月內，穿青褂藍袍，夏季戴緯帽。官員、軍民均以宮中大事之日爲始，百日不薙髮；官員百日不嫁娶，期年不作樂；軍民一月不嫁娶，百日不作樂。

稟奉查欽州三不要地及峒蠻情形

一，三不要地在州治西南百六十里十萬大山及王光兩山之間，西連廣西上思州，南接越南，各不相轄。俗稱廣東不要，廣西不要，越南不要，故得是名。及國朝雍正六年二月，本省大憲以其地荒僻險阻，無所統屬，疏請歸欽州管轄，設立汛防。嗣後漸有土人搭寮往居，入山伐木以爲活。惟住處畸零，不成村落，户口田糧歸州一體編徵，向來安戢無事，以地過於荒陋，各國洋人亦勿往也。

一，州屬有五峒，曰漸凜、思勒、羅浮、河洲、古蘇[①]，在州治西南二百餘里，界連越南，即明志所謂峒蠻者也。宣德中，峒長黄金廣以漸凜、羅浮、河洲、古森四峒叛附安南，黎氏授以官，並世其職，以屬萬寧州。及天順十九年，莫登庸篡黎氏。咸寧侯仇鸞率師議討，登庸大懼，請歸四峒侵地，遂復入中國圖籍。國朝仍舊制，設峒長，歲輸峒丁銀四十兩，入奏銷。服色風土悉與内地同，亦不復以峒蠻稱之。惟峒長仍世其役，今尚多黄姓者。

一，州屬有馬流一種。按《水經注》：馬文淵立

---

① 底本"蘇"字似被劃去，"古蘇"應爲"古森"。

二銅柱於林邑，遺兵十餘家不返，悉馬姓，自爲婚姻。土人以其流寓，號曰馬流，居十萬山中，或以爲盧循遺種，故又名盧亭。又《寰宇記》：欽州有夷，名高梁人，交肱垂髻，捕魚爲業，以手掬水從鼻飲，所謂鼻飲之蠻也。又有獠子，巢居海曲，歲一遷徙，椎髻鑿齒，嗜食人，所謂鑿齒之蠻也。是二者，皆南蠻種類。自國朝數百年來，聲教所通，與日月並照，鰈國鶼邦，涵濡聖化，凡遐荒邊遠之地，無奇言異服之人。

以上三種，久爲編氓，毫無區別，惟據昔時記載，有如此云。

是月《邸抄》：大行皇帝尊謚曰毅皇帝，廟號曰穆宗，同爲百世不祧之廟。

是月二十三日，奉文以是年爲光緒元年，頒換新曆。

光緒元年四月二十四日，寄家書一封。

五月，奉文行。二月二十日，大行嘉順皇后崩逝，各官縞素二十七日，百日不薙髮，軍民冠摘纓七日，公文用藍印十三日。

七月，應舊居停王香坪司馬之聘。司馬回任合浦，是月初三日履任，專介賫關聘來欽，邀予回合浦，並函致張太守。張君不得已許之，遂於八月八日由欽起程，陸行三日抵郡。忽忽四年，仍回舊館，磨驢往復，不出瘴鄉。予於去年九月留鬚，風景依然，而此身將老，不勝於思棄甲之慚矣。

八月，刻《爪痕》一卷。予有《重到合浦述懷》七律四首，並《欽州留別張太守》四律，又《題隋碑》七古一章。張太守及徐叔勤司馬、山長周伯陔孝廉均有和作及送別諸什，共成一卷，題曰《爪痕》。

九月十三日，大女出嫁，壻王姓名英洛，字翰堂，故友王雪舫之弟也，住紹興城水澄巷。

是月，游龍氏小園，賦贈一律：

　　叢篁高柳自成村，白髮蒼顏一笑溫。庭有奇花紅上砌，溪迴秋水綠依門。四時佳興同賓客，千首新詩課子孫。世上無如君最樂，東華塵土慢重論。

十月二十日卯時，先祖妣卜葬於斗門午潮港田穴，坐巽向乾兼辰戌。是日，寄家書一封。

　　東坡於仁宗嘉祐五年，年二十五以進士授河南府福
昌縣主簿。明年，年二十六，授大理評事、鳳翔府簽判。
英宗治平二年，年三十，罷還，判登聞鼓院、直史館。
明年丁老蘇憂，扶護歸蜀。神宗熙寧二年，年三十四，
還朝監官告院。三十六，兼判尚書、攝開封府推官，除
杭州通判。三十九，移知密州。四十二，改知徐州。元
豐二年，四十四，移知湖州。是歲言事者，以先生《湖
州到任謝表》以爲謗，七月中，使皇甫遵到湖追攝就逮，
至宿州御史符下就家取書，州郡望風，遣吏發卒圍船搜
取，長幼幾怖死。既去，婦女恚罵曰：是好著書，書成
何所得，而怖我如是，悉取焚之。八月十八日，赴臺獄
中，已而獄具。十二月，責授黃州團練副使，本州安置。
明年二月一日，到黃州。四十七，在黃州寓居臨阜亭，
就東坡築雪堂，自號東坡居士。四十九，量移汝州，行
抵泗州，上表乞於常州居住。明年正月，到南京，有放
歸陽羨之命，遂居常州。五月，內復朝奉郎、知登州。
到郡五日，以禮部郎官召，到省半月，除起居舍人。哲
宗元祐元年，年五十一，以七品服入侍延和，除中書舍
人，遷翰林學士、知制誥。明年除侍讀。五十四，累章
請郡，除龍圖閣學士、知杭州。五十六，召還，本除吏
部尚書，以弟子由嫌改翰林承旨，數月請郡，復以舊職
知潁州，改知揚州。已而以兵部尚書召，復兼侍讀，尋
遷禮部尚書，遷端明、侍讀二學士。五十八，以二學士

出知定州。明年紹聖元年，就任，落兩職，追一官，知英州。未到任，再貶寧遠軍節度副使、惠州安置。六十二，責授瓊州別駕、昌化軍安置，七月至儋州。元符三年，六十五，五月大赦，量移廉州安置。六月晦日，自海康渡海到廉州，移舒州節度副使、永州居住。行至英州，復朝奉郎、提舉成都府玉局觀、任便居住。是年冬，度嶺北歸。徽宗建中靖國元年，六十六，五月行至真州，瘴毒大作，病暴下，止於常州。六月，上表請老，以本官致仕。七月二十八日丁亥，卒於常州，距生於仁宗景祐三年丙子十二月十九日乙卯，得年六十六。明年閏六月，葬汝州郟城縣鈞臺鄉上瑞里。

十一月，作《正學篇》。

光緒二年四月，奉行各國條約，計有約者共一十五國：英國、法國、美國即合眾國、俄國、比國、日本國、日國即呂宋、義國、奧國、和國即荷蘭、丹國、德國即布國、瑞威敦國、瑙威國、祕魯國。

是月二十五日夜，夢與人對坐，有持刀者砍坐者首，格礫有聲。忽予亦以尺許刀自切其頭，既而首落於地，遂起而行。私念無首自行，不知當作何狀也。忽遇寶臣弟，訝曰奈何作此舉，遂寤。按之夢書，以謂大吉利。

究不知爲吉夢、噩夢，是何機祥也？

題王司馬尊人墨梅遺幀

冰天何處水雲鄉，剩有人間鐵石腸。詩老自摹林下影，墨華終作歲寒香。江東家法心傳在，先世清芬手澤長。好汲流泉薦秋菊，一樽配食水仙王。

五月初七日，寄家書一封。

閏五月初六日，兒子東昇上學，時七齡，延廣西人梁君粵卿在署授讀。

請封禁炭窰以培廉郡地脈稟

竊合邑地方與廣西博白縣接壤，地脈相連，兼以僻處海濱，地勢卑濕，山海瘴濕之氣甚於他處，然猶未足爲害也。自同治七年以來，疫癘大作，受病者於四體之間，驟起一核，狀如彈丸，遂覺心神昏迷，閱一晝夜而氣絕，俗謂之瘟子，百藥無效。計今九年之久，每歲死者千餘人，少或數百人，時近十年，死殤盈萬，尚未休息。其症四季皆然，春夏爲盛，秋冬次之，方藥俱無，醫人束手，甚有一家傳染死至七八口者。居民驚駭，紛紛遷徙，舉國若狂。每至日晡以後，民間掩門而避，街巷闃其無人。而欽州、靈山、石城、博白皆與合邑毗連之地，絕無是症，尤可異也。卑職責司民牧，政化未孚，無以感召祥和，循省愆尤，慚惶無地。目擊死亡之慘，痛切瘝痍；日聞號哭之聲，難安寢饋。

時與紳耆父老講求致病之由，拯救之法。僉以謂郡城地勢受脈於廣西博白縣屬之雞嘴嶂，自同治五年彼處土人於是嶂正中地方開掘炭窰數十所，日夜焚熾，乃廉郡地脈受傷所致，並據聯名呈請轉稟飭禁前來。伏查疾疫之作，由於天時。或寒燠不時，或春秋失序，而疫興焉。故祭癘列於祀典，國儺著於禮經，未聞有因地脈而使然者。然以卑邑論之，數年以來，寒暑合時，庶徵協叙，致疫之故，無可推求。然時越九年，未有方藥，四時皆有，絕無間斷。惟合浦一邑為然，鄰境所無，實紀載所罕聞，古今所未有。

查博白開窰在同治五年，是疫即起於七年春季，紳民眾口一詞，歸咎於此，似亦未可盡誣。考《月令》：地氣沮泄，是謂發天地之房，民必疾疫。是疫固有因地而致，不盡系於天時者。推之銅山西傾，洛鐘東應，彼此遥相感召，乃物理之自然，非堪輿之曲説。憲臺痌瘝在抱、饑溺為心，自必俯念輿情，隱然憫惻。伏乞俯賜飭行廣西鬱林州轉飭博白縣查明雞嘴嶂所設炭窰，一律平毀，永遠封禁，不准偷掘私開，以固地脈，而全民命。庶幾衆心安定，共釋疑團，自能感應天和，旋蘇疾苦，消疫癘於無形，登斯民於仁壽，則感沐鴻慈益無涯涘矣。卑職爲事關民瘼起見，不勝激切待命之至。

兩廣總督劉批查山川地脈之說，出於形家者流，利害吉凶，初無明驗，必謂開設炭窰，焚傷地脈，致鄰境有疾疫之災，事涉渺茫，理難憑信。惟該令因民心惶恐，稟請封禁以定民志，而順輿情。如果博邑炭窰於民間生計所關，尚非甚重，即量爲封禁，俾息群疑，未始非弭災惠鄰之義。據稟前由除札西藩司即將合浦縣王令所稟各緣由，轉飭博白縣體察情形，查明縣屬雞嘴嶂所開炭窰，可否永遠封禁之處，詳復該司，酌核飭遵。具報。

東藩司即便轉飭合浦縣知照

合浦產珠之說，由來舊矣。城東南八十里海中有珠池出蚌，蚌母廣數寸，長尺餘，蛋人没水取之自云海中。珠池若城郭然，其光怪不可近，常有怪物護持。

蚌聞雷而孕，望月而胎。中秋蚌始胎，中秋無月，則蚌無珠。凡秋夕海色空明，天半有朱霞光起，蚌晒珠也。

珠池在海中。取珠人泊舟海港，數十聯絡，乘天氣晴爽，駛舟至珠池，以鐵物墜網海底，以鐵撥撥蚌舉以入舟，取而剖之，所得多屬凡珠。偶或一舟得寶珠，即有片雲如墨，風波陡作。舉而棄之，始免覆溺。群舟中不識寶珠所在，必盡棄乃已，皆空手而返。否則，片板無存矣。其蚌圓而底平，與肉蚌不類。

珠池，漢唐無考。自南漢劉鋹置媚川都採珠，宋開寶以還，遂置場司，或採或罷。明洪武中，詔採珠設專官。正統初，命內監分守珠池，雷廉始大困。景泰間，守池太監譚紀、趙蘭等肆橫，雷州民變。御史陳實劾之，雷池太監始革，總屬廉池太監。嘉靖八年復採，以巡撫林富奏停止。九年，復請革珠池市舶太監，歸北海分巡道兼管。從之，兩郡稍蘇。

土人採珠者，以亥日聚市。黎蛋壯稚，以荷葉包飯而往，謂之趁墟。柳子厚詩“綠荷包飯趁墟人”。

合浦有龍村。昔有人得夜光珠吞之，遂不食，數數喜入水，未幾生鱗鬣化龍去，遂名其村曰龍村。

廣西及高廉等處，山嵐蔚薈，人烟稀疏，陰陽之氣不舒，加之蛇蝮、毒蟲、怪鳥、異獸遺穢林谷，一經淫雨，流溢溪澗，蒸氣成瘴。春爲青草瘴，夏爲黃梅瘴，夏秋間爲新水瘴，秋爲黄茅瘴、木樨瘴，霜降後始無恙。惟郡治其地平舒，枕近大海，風潮蕩滌，偏沴之氣易散，故諸瘴尚少。今者生齒繁庶，人烟稠密，即墟里村落間，亦無瘴氣，較之雷瓊，差爲善地。然一歲之間，暑熱過半，陽氣常泄，故四時皆花，三冬不雪。臘月中，裘扇互用，腠理不密，易於受病。宜保真陽，節飲寡慾，戒多七情，則亦無損於久居也。

宋景祐初，龍圖梅公摰知韶州，著《瘴説》，鐫之石崖曰：仕有五瘴：急征暴歛，剥下奉上，此租賦之瘴也；深文以逞，良惡□□，[①] 此刑獄之瘴也；昏晨醉晏，弛廢王事，此飲食之瘴也；侵牟民利，以實私儲，此貨財之瘴也；姣童艷姬，以娛聲色，此帷簿之瘴也。有一於此，民怨神怒，安者必病，病者必殞，雖在轂下，亦不可免，何況遠方人或不自知，乃歸咎於土瘴，不亦謬乎？

南方諸郡有颶風，廉地薄海，夏秋間颶風或一歲累發，或間歲一發。初起由東轉北，而西而南；或起於西轉北，而東而南。蓋南方之風，以南爲正，始於不正終於正，故颶必迴南乃止，歸於其本方也，故曰迴南。作必對時，雷發而止。然雷亦必以颶迴南而後作，颶不終，則雷不作也。凡歲有一鬼打節，則有一颶，有二鬼打節，

---

① 梅摰《五瘴説》作"良惡不白"。

則有二颶。鬼，鬼宿也。打節者，或立春、立夏等節，
值鬼宿也。

颶風者，具四方之風也。將起之時，海鳥群驚，木
葉皆向南作翻轉之狀。或海吼聲大震雲，脚有暈如虹，
俗呼風報，《嶺表録》①謂之"颶母"。踰時即大作，暴
雨挾之，轟震如雷，拔木飛瓦，人不能行立，牛馬不敢
喘息，此中州所無也。

《南越志》：珠有九品，大五分以上至一寸八分，分
爲八品，有光彩。一邊平似覆釜者，名璫珠。次爲走珠，
又次爲滑珠，又次爲螺珂珠，又次爲官雨珠，又次爲稅
珠，又次爲葱符珠。

《交州記》云：合浦東百里有杉樹，葉落，隨風入洛
陽城内。漢時有善相者廉盛説："此休徵，當出王者"。
特遣人伐樹。庾信詩："傳聞合浦葉，遠向洛陽飛。"皇
甫冉詩："心隨合浦葉，命寄首陽薇。"楊盈川文："合
浦杉葉飛向洛陽。"

《菽園雜記》：永樂初採珠，珍珠取一千四百五十餘
顆，大約三兩五錢。次年，採一千六十餘顆，每百顆重

---

① 即《嶺表録異》。

四五錢，大約一兩計二百數十顆。次年，大者五十餘顆，計一兩重云，價近白金五十兩。

《水經注》：牢水南山①交州合浦郡治合浦縣。漢武元鼎六年，平越所置也，王莽更名曰桓合，縣曰桓亭。孫權黃武七年，改珠官郡。郡不産穀，多採珠寶，前政煩苛，珠徙交趾。東漢會稽孟嘗伯周爲守，有惠政，去珠復還。牢水自縣北流逕高要縣，入於鬱水。

七月，王司馬以休致卸任。予於十八日起程回省，仍由西河舟行，時積雨初晴，廉江水漲，遂由西門河干解纜。有律詩誌別：

> 海角天涯地最偏，治安無術愧南遷。半生自獵功名外，七載難忘飲啄緣。珠浦曉寒山似夢，牂牁秋漲水如天。有情未免成追憶，斷翠離聲祇惘然。

楊少蘭參軍以素心蘭二罌贈行，舟中無事，偶占絶句寄謝，並柬沈子彬二尹：

> 海外相逢不計年，履綦陳跡亦堪憐。何人會此段勤意，載得幽蘭香滿船。

---

① 山，《水經注》作"出"。

浦水浮家廿載餘，一官蕭散世情疏。多因未解新翻曲，小石幽花當隱居。

沈郎磊落舊多才，斂退如今口不開。何日珠江重把手，春風同上越王臺。

二十日，泊舟長樂墟，水月如鏡，夜色瑩然，紀一絕句：

岸闊沙平夜欲霜，靜聞流水去湯湯。不須再詠澄江練，一片空明水月光。

二十二日，抵石涌，與粵西博白縣交界，自此遂出合浦境。

二十三日，泊沙河墟。

二十四日，過馬門灘。

世路崎嶇萬仞山，可知吾道屬艱難。人間盡有安閑客，穩臥揚帆不見灘。

博白懷古

白州生綠珠，麗質天下無。嫁與石家郎，顏色羞珊瑚。一朝橫逆來，玉碎千金軀。花落金谷園，日暮愁青蕪。生長此故鄉，地傳與人俱。青山秀可挹，秋水清而姝。遺井今在否，行路一嗟吁。

來船行

世間人事多不平，逆流飽看來船行。來船又得順風樂，彼此勞逸真殊情。去船非無棹，來船非無帆。風水不相送，上瀨多艱難。艱難尚可由自主，但憑努力無退阻。快樂有似箭離弦，中流百事都堪慮。我爲來船喜，我覺來船難。小心無挫失，大意生禍端。青山兮紆曲，流水兮急湍。沙汩汩以橫亘，石齒齒而相攢。勸君莫待風力殘，前頭尚有百尺灘。

自博白將至船埠，兩岸水車重叠，舟行頗艱。蓋粵東西歲皆兩穫，時方初秋，良苗懷新，正須車水灌溉也。

二十九日，抵船埠，陸行八十里，過鬱林州，抵北流縣。

得得籃輿幾往還，秋來風景客途間。即今太守知誰是，亂石嵯峨叠滿山。

八月初一日，由北流下船，順流出西江。

初六日，由容縣抵藤縣。

初八日，抵梧州。

十一日，抵肇慶，阻風，泊舟閱江樓。

十二日，至三水河口，是處舊有三十六江樓，阮文達公所建，圮毀已久，覺湖山少色耳。

　　相公遺蹟遍南州，此處登臨俯衆流。說與使君重起廢，大書三十六江樓。

十四日，抵省，與周春帆表叔夜話三首：

　　海天無際嶺雲長，不見於今十載強。相對宛然疑夢寐，知從何處說行藏。平安且喜人無恙，輾轆應憐鬢有霜。一事爲君勞望眼，蘭閨早晚報熊祥。

　　無端蹤跡滯廉泉，鬱鬱邊荒亦自憐。但可消磨方朔米，依然羞澀阮囊錢。龍鍾已屆年三九，烟瘴曾科路八千。莫笑譽兒王武子，客中蘭玉欲爭妍。

　　栢臺霜月夜三更，玉宇秋高露氣清。橐筆生涯聊復爾，他鄉親戚倍多情。爲人祇覺心腸好，話舊應增淚點橫。何日南湖並歸棹，鱸魚蓴菜足餘生。

十八日，登岸寓小東營。

閱湯《海秋詩集》，録其集杜之工妙者數聯，可作楹帖用也："用意崎嶇外，時邀江海人。""此時同一醉，老氣橫九州。""學立游夏上，書偕褚薛能。""筆力破餘地，篇終接混茫。""晚看作者意，耻與萬人同。""自我一家則，大哉萬古程。""有才繼騷雅，作客信乾坤。""禮樂攻吾短，文章敢自誣。""嗜酒益疏放，孤雲自往來。""浩蕩風塵外，形骸痛飲中。""江山如有待，心跡喜雙清。""佳處領其要，清光應更多。""秋水漫湘竹，江天足芰荷。""江清心可瑩，雲在意俱遲。""看花隨節氣，穿水忽雲根。""楚草經寒碧，山梨結小紅。""所向盡山谷，相逢皆老夫。""林中才有地，幽處欲生雲。""半扉開竹影，虛閣自松聲。""絶島容烟霧，幽居近物情。""紅浸珊瑚短，黄知橘柚來。""柔櫓輕鷗外，柴門老樹村。""孤光隱顧盼，空翠撲肌膚。"予亦有集杜數聯云："羽人掃碧海，靈鳳在赤霄。""議論有餘地，事業富清機。""文章千古事，老鶴萬里心。""家聲蓋六合，揮灑動八垠。"又："我有一匹好東絹，天下幾人畫古松。""美人胡爲隔秋水，今我不樂思岳陽。"又集杜詩題作聯語云："大覺高僧蘭若，赤谷西崦人家。""驅竪子摘蒼耳，喜野人送朱櫻。""閒催宗文樹雞栅，遠遣信行修水筒。""歸送江東孔巢父，飲培花下李金吾。"

"栢大山居題屋壁，嚴公廳事畫岷沱。""晚晴西郭懷茅舍，九日東山集草堂。""寒雨朝行視園樹，季秋夜晏上江樓。""從韋明府覓綿竹，同嚴鄭公詠新松。""書堂月下賦絶句，風雨舟前看落花。""短歌聯送祁録事，野望因過常少仙。""近詩數首誦蘇涣，小篆八分歌李潮。""尋西枝置草堂地，過南岳入洞庭湖。"

十月十五日，應委署廉州府冒哲齋太守之聘。冒名澄，江蘇如皋人。

十六日亥初一刻舉第二子，蓋丙子己亥癸卯癸亥也。二十六日，啟程赴廉州，眷屬仍寓省。予自同治丁卯客廉十年之間，游蹤三度，大都與珠浦有宿緣耳。同事朱君棣垞，風雅士也，與予同舟，昕夕晤言，稍免岑寂。舟中酬唱，得詩甚多。其贈予兩絶句云："暮烟凝碧晚霞紅，琢句應知具化工。"秋水霞襯紅，暮山烟浸碧。"君《紀行草》中句也。山水有靈知己在，故應相送馬當風。""意緒無端感慨多，十年詞客老研磨。豪情都付生花筆，潦倒霜天一醉歌。"

依韻答棣垞二首

酒後歡顔發醉紅，粗詞讕語不求工。如君自是青雲客，鵬背何因在下風。

木天粉署濫竽多，誰向詞章苦琢磨。我更塵埃不堪説，只將骯髒付清歌。

十一月二十七日，抵廉，住郡署東齋。

光緒三年丁丑正月，寄家書一封。是月初十日，接奉祖父諭言，次子命名曰德增，字勉庭，號益梅，行九。

二月，北海開辦通商，填《酹江月》詞：

區區北海，是廉陽小郡，珠官邊邑。款議烟臺添口岸，一例通商貿易。光緒二年，英德各國與李伯相在烟臺定議添設北海、蕪湖、宜昌、温州四口通商。領事稱官，設英國領事官，與道府平行。兵船測海，英國兵船探海中深淺水則。百里憑游歷。和約口岸百里之内，准其隨意游歷，中國不得阻止。當年和約，公卿優禮讐敵。　　遥想宰相和戎，洋烟開禁，任犬羊叢集。試問圓明園内事，瓦礫一堆殘雪。回紇侵唐，金人禍宋，傾覆前車轍。中華許大，豈無三二豪傑？

潮牘偶存序爲冒太守作

潮居閩粵之交，去京師萬里。地瀕海，民俗獷悍，嗜利而輕死。耰鉏之佃，輒相鬬狠，連歲不能休。吏役捕治之，則玩抗。有致死者，必臨以兵，然後稍懾。兵去，復如前。爲吏者師耳目謂：其習如是，苟有可已者，皆勿究。故寖淫成俗，最號難治。太守仕潮久，自潮陽令移普寧、澄海，迄兩視潮鹺，先後十年，凡地方是非興壞之理，民情向背之端，遐陬荒忽，妖妄詭變，隱顯鉅細之曲折，皆熟於胸中。至於通市各國，帆檣絡繹，懋遷往來，交涉之務，以及鹽法沿革，汀漳列郡轉運之積弊，莫不究盡。故其所設施，皆能洞中窾要，迎刃而解。潮人士至今嘖嘖稱道勿衰，以是知民望繫屬。天語褒嘉，非倖而致也。兹於仕潮文牘中，刪存若干卷，曰《潮牘偶存》，治潮之具略見於是。異日者，仰邀心簡，倚畀益隆，而潤色鴻業，著作日新，正未有艾也。成書，爰識數語於簡端，以爲序云。

四月十七日，眷屬自省來廉。

六月十四日，應署合浦縣謝星曹司馬兼辦之聘，謝名鏡澄，江西南康舉人。

聲詩之道，四海同之，所謂天籟也。西洋各國書不同文，然亦有詩類七言古者、有類騷者。予嘗見法國麥須兒詩一首，七字爲句，逐段轉韻，又有叠句。蓋法國人麥須兒者所作，其詞意以虐政思叛，故歌此詩者，其國有禁。詩云："法國榮光自民著，爰舉義旗宏建樹。母號妻啼家不完，淚盡詞窮何處訴。吁王虐政猛於虎，烏合爪牙廣招募。豈能復覩太平年，四出搜羅困奸蠹。奮勇興師一世豪，報仇寶劍已離哨。進兵須結同心誓，不勝捐軀義並高。維今暴風已四播，屠王相繼民悲咤。荒郊犬吠戰聲哀，田野蒼涼城闕破。惡物安能着眼中，募兵來往同相佐。禍流遠近惡貫盈，罪參在上何從赦。此處疊"奮勇興師"四句。維王泰佟弗可說，貪婪不足爲殘賊。攬權怙勢谿壑張，如納象軀入鼠穴。驅使我民若馬牛，瞻仰我王逾日月。維人食靈齒髮儔，詎可鞭笞日摧缺。此處又疊前四句。我民秉政貴自主，相聯肢體結心膂。脫身束縛在斯時，奮發英雲振威武。天下久已厭亂離，詐偽相承徒自苦。自主刀鋒正犀利，安得智驅而術取。此處又疊前四句。"

又愛國詩一首，略似騷體，亦有疊句，蓋普國人所作，詩云："誰是普國之土疆兮，將東顧士畏比明兮，抑西瞻禮吳河旁？將禮吳河紅萄懸糾結兮，抑波的海白鷗飛翱翔兮。我知其非兮，我宗邦必增廣而無極兮，斥遠而靡疆。誰爲日耳曼之祖國兮，將士底利贏之腴壤兮，抑巴華里亞之崇崗？將摩辰牛羊游牧兮，抑麥介物產蕃康？此處疊"我知其非兮"四句。將威士非靈之界址兮，抑巴買藍尼之版章？將岸邊之沙隨流而入海兮，抑旦紐之水波溶漪而蕩漾。此處又疊前四句。將濟濟盈廷者權能偭儻

兮，幹略雄強而告我以綦詳。將在呵發之境外兮，抑於
兜耳之域旁？彼兩地之人民，余中心愛慕而弗忘。<small>此處又
疊前四句。</small>我今將告爾以何方，我方言必無遠而弗屆，流
行四極兮而散播八方。將與我同奉一主兮，謳歌於會堂。
其隸於日耳曼之版圖者，試觀此幅員之孔長。此乃日耳
曼列祖之所啟疆，翦梟獍兮驅虎狼，撻傲慢兮伐矜張。
必仇敵之胥泯兮，而憎妒之全降。不見夫我之友朋，無
非榮顯與軒昂。維日耳曼之全土兮，開闢非常。此爲日
耳曼奄有之土疆，長邀鑒顧於穹蒼。俾我儕心志雄兮膂
力強，盡心愛此宗邦兮志之衷藏。此乃日耳曼之祖國兮，
渺渺兮余懷望。"

七月二十四日，寄家書一封。

閱鄭荔鄉制藝。荔香，名方坤，福建建安人。官太
守，博學能文，著有《本朝詩家小傳》四卷，制藝百餘
篇，曰《鄭荔鄉稿》，乾隆間盛行於世，其卷末有論時文
七古一首，蓋寄其姪天錦作也，源流甚晰，制義家不可不
知。詩云："時文之技本雕蟲，創始乃自王荆公。明興厥
制漸展拓，收拾豪俊歸牢籠。童而習之至白首，如矢人矢
弓人弓。初盛中晚猶前志，更僕悉數吾能終。洪永開科迄
泰順，敷衍傳注除雰雯。白沙陳獻章廷益于謙有述作，太羹

元酒將毋同。質有其文守溪老王鏊，元音入耳珠①颾颾。殆於禪宗比葱嶺，葉葉衣鉢傳無窮。唐順之錢福瞿景醇薛應旂均正始，昆湖機法嫌②圓融。兒孫踵事致紕繆，鼻祖那不識彈叢？我思制科非一格，論策詩賦齊寵嵷。依經立義愈尊貴，卑猥胡不爲墉崇？天爲此道張壁壘，太僕歸有光名字喧兒童。渾浩流轉注河漢，濃淡舒卷拖蜺虹。茅坤胡友信僅堪驂乘耳，極盛之下難爲功。誰歟陋語唱百和，元鐙一盞趨痴聾。請看鄧以讚孫鑛暨馮夢禎李廷機，已自不振嘲疲癃。沿及湯賓尹許獬尤亂道，紫鳳顛倒鶴氋氃。支離破碎吁可駭，陣脚一任偏師攻。其間石簣陶望齡獨峻潔，森如竹箭翹葭蓬。華亭董其昌科名雖稍亞，澄之汰之河沖瀜。珠玉咳唾有玉茗湯顯祖，孟旋方應祥儕鶴趙南星雲霄翀。慶歷作者略爾爾，耳食奚事驚靈霳。就中小品閒可採，羹有螺蛤菜有菘。却恨棘門率兒戲，吾尤無取王遂東思任。吁嗟斯文歷小劫，易窮則變變則通。嘉魚金聲拂袖興也勃，韓豪柳潔紛帡幪。追陪震川恰兩美，詎別安仁與太冲。是時豫章秀人士，鄮冰積雪明而聰。臨川一老陳際泰最奇橫，千篇百賦書匆匆。章世純羅萬藻維節楊以任足羽翼，決起一一排崆峒。東鄉艾南英無花明老眼，志在嘉惠後之侗。手編定待主樸老，雲間陳子龍、夏允彝異

---

① 珠，鄭荔鄉《寄長姪天錦論時文》作“殊”。見梁章鉅撰《制義叢話》卷十六，清咸豐九年刻本。下同。

② 嫌，《寄長姪天錦論時文》作“兼”。

派偏潺溔。論者不無抑選理，望氣要自光熊熊。幽香冷艷數宜壑_{包爾庚}，擬之嬌纈纏花馥。陶菴_{黃淳耀}先資有成讖，試帖卓爾事君忠。賈傅宣公信具體，經術更蔚曾南豐。同榜王郎_{自超}亦吾癖，說詩何遽刪盧仝。吉士錢禧思曠_{徐方廣}老不遇，視天未免嗟夢夢。精能神逸合妙理，主司頭腦徒冬烘。時哉風氣絕逌上，倐爾國步墮谻谼。我朝造士邁勝國，墨封乙夜繙重瞳。黃岡_{劉子壯}應運冠多士，過都歷塊搖風鬃。鍾陵_{熊伯龍}並超詫沈博，大爲江漢張雄風。辰闈唐德亮戚艱苦，^① 下灘下溜征雙篷。石臺_{李來泰}異采堪鼎足，俯視徐^②子爲鞠躬。榕村_{李光地}理解入三昧，繭絲細細抽紕總。一時壇坫此最盛，百家六藝群折衷。別開生面韓宗伯_菼，仙乎霓舞吹玲瓏。又疑練江散霞綺，一歸苦霧昏戎戎。嗣後風流幾歇絕，細者蟻蝨龐然驟。金丈居敬_沈鬱號一變，桐城_{方舟}、_{方苞}抄手開鴻濛。義門何焯匠門_{張大受}出寒碧，文筆秀奪蘭臺宮。集虛方楘如新篇尤峭蒨，解頤匡鼎同惺忪。黃鐘大鏞推禮執_{儲在文}，難兄_{儲大文}手自揮絲桐。徐卿_{徐用錫}勃窣稱老宿，高語無上凌穹窿。二王_{汝驤}、_{步青}佳境接不暇，穠郁別有金溪馮詠。諸餘散見少全稿，草^③句已重吳江楓。繄予束髮抱鉛槧，飛揚欲訪丹砂洪，恃才一縱不持擇。三品錯雜金銀銅，

---

① 《寄長姪天錦論時文》"戚"前有一"快"字。
② 徐，《寄長姪天錦論時文》作"餘"。
③ 草，《寄長姪天錦論時文》作"單"。

弱冠掇第等拾芥。意頗自命爲文雄。衡陽段柱湖秀州陸徽巖兩夫子，巋然地望恒華嵩。爲言孺子似可教，導以寶筏疏奔瀧。伐毛者三冼①髓五，快若暍病澆醍醐。少作成帙付一炬，化爲蝴蝶穿葵茂。千家百家恣評品，斗室兀坐垂簾櫳。村塾面面環講席，兔園一冊求童蒙。倒提借點矜秘訣，雌黃妄擬張喉嚨。導河注江南北派，吹葭截竹陰陽箭。改時易月定正朔，出車治賦輸禾稷。以及禘祫冠冕制，百不一解憐悾悾。臨文逼窘思獺祭，奚啻入井求芎藭。豈知此事貴根柢，舍皆取諸其宮中。借書於手用我法，異香底用偷賈充。樹根倘不勤封灌，幾見枝葉青葱葱？昌黎含咀蘇絢爛，夫豈飾說欺愚蒙？吾家阿咸富才思，挾策日日哦松椶。新文十首昨奇②我，玉石大已加磨礱。臚列正宗別僞體，遠道不惜郵書筒。所嗟羈宦不稱意，舊業一半埋塵墐。何時短檠對安節，坐聽街鼓聲逢逢。"

荔香稿内有"涕出而女於吳"題文，賦手騷情，感均頑艷，制義中風流一世之作也。其中四比云："兵車衣裳之會，盟府間遺烈猶光。乃昔也存三亡國而有餘，今也庇一弱女而不足，此其於盛衰之感何如？別轉附朝儀以遄征，而齊子翱翔終遠父母，能勿傷臭味之差池也。

---

① 冼，《寄長姪天錦論時文》作"洗"。作"洗"是。
② 奇，《寄長姪天錦論時文》作"寄"。

指寇讐爲婚媾，景公其何以爲情哉？紀鬷玉磬之盟，靡笄役前車亦覆，乃昔也欲質其母而猶可背城。今也直夐爲俘而居然告廟，此其於宗社之羞奚似？締封豕長蛇以永好，而吳宮花草極目悲涼，能勿痛姬姜之憔悴也。繋鐘虡於罄絲，景公其誰能遣此矣？且荼火而劫黃池，不過爭兩國之長，若女之以女，則非僅名號聲稱之恐喝已也。請爲賦《燕羽》之詩，而‘遠送於野’、‘遠送於南’，不知者曰兒女之情長，知之者曰英雄之氣短也。牛山揮淚之外，蓋別有傷心者矣。壇坫而徵東魯，亦止責百牢之供。若女之以女，則豈但犧牲玉帛之悉索已也。請爲占《歸妹》之《暌》，而刲羊無衁①，承筐無貺，美其名謂結褵之好合，循其實即衒璧之求成也。持踵泣下之悲，蓋不獨母氏也已。”梁茞鄰《制義叢話》云：“後世和親之局實始於此。此文當令在漢帝、唐宗前慷慨誦之。”

　《制義叢話》又云：侯官林文忠公，天懷敦篤，文筆敏贍。其童年應縣試“仁親以爲寶”題文，纏綿懇摯，一往情深。起②中四比云：“共③世子亡靈已泯，藐諸孤殘喘方延，十餘年隱忍偷生，竟不獲以終養之軀，稍贖

---

① “衁”，疑爲“衁”。
② “起”，當爲“其”。
③ 共，《制義叢話》卷十七作“其”。

踰垣之罪。吾君已老,寢食僅託諸姬人,揆子職於生前,作孽尚何可逭也。二五耦之恃寵方驕,七公子之出奔殆盡,數百里終天抱恨,竟不獲以奔喪之節,稍消妖夢之災。逝者何追,遺命僅聞諸荀息,念幽魂於死後,予辜更不容誅也。表裏山河,天下有失而復得之國;墓門拱木,自古無死而復生之人。今而後知紛華勢利,殆不足爲亡人解其憂乎?一坏之土未乾,引領河陽,不免潸然涕出也。仁生,親者寶其所樂;仁死,親者更保其所哀。既及黃泉,尚難相見,我生之不辰,何如也。以此心感乎幽冥,但覺自悔愆尤,而已晚焉,夫亦永矢弗諼耳矣。君臣之合本人爲,自古原無獨私之國;父子之情本天性,天下更無可代之心。今而後,百爾所思,殆不足爲亡人償其願乎。九原之目未瞑,興懷故絳,不免黯然神傷也。仁逮事親者,寶諸手澤口澤;仁曖離親者,寶諸如見如聞。'如可贖兮,人百其身',罔極之昊天莫報也。以此心動乎明發,但覺稍參他念而不能焉,夫亦長此終古耳矣。"純是至性至情語,流溢於楮墨間,厥後以夷務謫戍西域,坦然就道,猶眷眷於天恩之高厚也。移孝作忠,所謂坐言起行者矣。

九月初八,舉行府試,居停請予分校。憶自同治戊辰校閱府縣試卷,忽忽十年,蓋至是已四次閱卷矣。

十一月初三日，予家自斗門遷居紹興府城內古貢院前。斗門老屋本向高姓典受，已三十年矣。因高姓備價取贖，故遷於城內。然聞此屋亦窄小不合居，茲暫爲租賃，尚須另行典買。

卷 四

光緒四年戊寅正月二十四日，寄家書一封。

二月，作《久客賦》。

三月二十二日，生第三子。

是月，鄭小鑄大令于役來廉，讀予詩文稿，大爲歎服，撰文序一篇以贈。予以鄭君推許太過，懼不敢當。然其相知之雅，固不可没。而仕宦中能講究及此者，實不多得，亦以見予半生困頓，尚有知我如鄭君其人者，因録其序於此。鄭名子齡，江西武陵人，甲戌進士，序云："從來名人傑士，才成而學立，往往遨游自適，而不復有意於科名。山陰俞子星垣，名士也，居廉城任簿書、錢穀之事。予以公至廉，見俞子，初未之奇也。已而數

相接見，其丰神之煥發，議論之英奇，詩境之深厚而名
貴，怦怦然心動。及再觀《清聞堂稿》，而俞子學問之
真，於是畢彰矣。是日之日，靈雨既降，暑炎不興，幽
居清曠，一卷無人，仰首浩嘆，讀《蝸廬竹莊記》，而見
寄託之高焉；讀《杞言刑法論》，而見經濟之大焉；讀
《義園碑》，而見心德之仁焉；讀《祭女弟文》，而見倫
常之厚焉；讀《幽懷夢賦客詧》，而見操持之勤且正焉。
至於《讀書說》及《正學三篇》，明絕學於既往，開聾
聵於將來，抉二五之精，窮濂洛之奧，則油油然資深逢
源之樂事焉。噫，亦偉矣哉！夫性與天道，不可得聞，
而俞子自道所得獨有味乎。其言之以此行文，橫掃千軍
可也。顧俞子既不出矣，著述名山。俞子原自有千秋之
志，胡爲篤學好古，而又夙夜在公，不獲一日之逸？此
彼蒼之困頓豪傑，一若魚鹽版築，異世同揆，有志之士
所爲，感喟希虛，欲搔首而問天者也。嗟乎，相如沽酒，
梁鴻賃舂，如今日者，亦復何憾。雖然，俞子玉堂人物
也。天生才，天必不僅如此用才，俞子甚無自薄也。風
雲可作，吾終以變化期之。”

題冒氏枕干録

　　洪楊竄逆趨湖湘，藍山臨武皆陷亡。韶州土寇
如蠚蟻，螺坑巢穴連曲江。乳源地逼曲江近，時如

皋公爲之尹。公赴曲江縛群賊，歸道螺坑賊要截。
揮兵與戰寡不敵，被創舁歸袍血碧。遺言死國非所
惜，中有一賊最兇黠。左目下有黑子一，汝曹誌之
慎勿失。秋霜春露年復年，忠臣有子皆才賢。四子
復令乳源地，賊已竄身爲縣隸。不言仇賊乃得賊，
左目黑子明如涅。其餘四賊同授首，一賊前死剁其
骨。剖心祭告公之靈，萬人揮淚天爲青。公之死事
歲壬子，越十七載賊乃死。教孝教忠盡在是，請以
是書告太史。

《稟越南邊防情形》，此稟已刊入冒太守《三廉
吏牘》中。竊惟越南國近年以來，政務失修，盜賊
滋熾。其瀕海郡縣伏莽甚多，時有竊發。同治十二
年間，前憲以廉屬欽、靈一帶，積匪滋事，飭調南
韶鎮鄭鎮軍督勇查辦，兼顧邊防。次年秋間，鄭鎮
軍奉調回省，以欽州營莫參將就近接辦。至上年冬
間，越南匪徒張十滋事，係在該國海寧府，地方逼
近欽州、東興，恐其擾及腹地。曾由莫參將稟奉憲
批“相機進剿”等因，於綏靖邊國之中，寓矜恤藩
封之意，籌深慮遠，命意甚微。嗣張十事平，匪徒
黃開順踵起，踞越南先安州之銀霧地方，距東興數
百里而遙，與張十情形不同。莫參將帶勇往剿，行
程三四日。聞其初至之時，頗有挫失，旋即奮勇力

戰，僅乃克之，其不至於僨事者幸也。卑府聞去國
越境而師者，謂之絕地；矜衆而欲見威於敵者，謂
之驕兵，二者皆足以取敗。況深入數百里之遠，剿
草竊於蠻荒。即獲全功，已云褻重，設有挫衂，尤
損國威。是以，卑府於初接莫參將函“會擬越境進
剿”，當告以事聞中外，宜加審慎，不可輕進，亦以
勞師涉遠，意外可虞故也。莫參將勇敢過人，其邁
往之氣，深可嘉尚，而於輕重機宜，似尚未得其奧
窔。是以，於憲批“相機”二字未能體會入微。有
此勇略，如蒙大賢訓誨而裁成之，使知行險之不足
爲訓，奇功之不可倖邀，成國家有用之才，備樽俎
折衝之選，則地方幸甚，該參將亦幸甚。卑府爲中
外大局起見，是否有當，伏候鈞裁。

重修清水江石橋記代謝司馬作

郡治東數十里曰清水江者，爲高廉通衢、赴省
官道。仕宦商旅，往來絡繹。舊有石橋圮毀者，數
十年於玆矣。春夏雨水漫漲，問渡無由，行路多病
涉也。邑紳某等，慨然有修復志，乃釀金鳩工庀材，
始於光緒某年月至某年月告成，凡爲工若干日，用
制錢若干千。黿梁永固，雁齒一新，行道之人實利
賴之。昔子產乘輿濟人，蓋當時相傳爲是說，非實

事也。子輿氏以爲不知爲政，特借其説，以明王政之要，非譏也。予爲是邑，舉廢未能，賴紳民之力，觀輿梁之成，人人得而濟之，地方之利，實予之願也。邑紳請予紀其事，乃書於石云。

六月二十四日，謝司馬卸合浦篆，時冒太守並有交卸之信，余亦將返棹羊石也。

七月，第三子病殤。

八月初八日，冒太守卸篆，代作留別四首：

銅虎分符海澨臨，東皋家世國恩深。地偏尚見馴良俗，德薄虛勞撫字心。浦水秋雲浮嶺嶠，郭門疏柳映江潯。曾無小惠堪稱述，滿幅瓊琚愧不任。

揭來五馬效專征，兩載桑麻課雨晴。海曲帆檣開互市，聖朝恩意被寰瀛。朱鳶未罷防邊戍，青雀難將積寇平。聊與斯民相慰藉，頻年疫癘一時清。

十年宦跡憶潮州，荔雨榕陰處處留。強悍民情翻易化，寵榮天語愧難酬。關心湖海思千里，屈指星霜換幾秋。此日桂花明鏡裏，又從廉水泛輕舟。

扶桑銅柱舊山川，謭陋何堪較昔賢。詎必還珠誇異政，但求多稼慶豐年。讀書端貴探經笥，積粟無勞借雒田。傳語臨歧諸父老，好安耕鑿戴堯天。

是月二十一日，啟程回省。予以感受濕熱，舟中大病，廢眠食者半月。途中無醫藥，備極艱苦。舟至蒼梧，始差。抵省，乃愈。

九月二十日，到省寓鱟橋。

十月初三日，寄家書一封。

光緒五年己卯正月，應署番禺縣馮雲伯司馬之聘。馮名泰松，江蘇崇明人。

四月十三日，寄家書一封。

七月二十三日，寄家書一封。

閱郭筠仙侍郎《使西紀程》云，英國公司輪船自香港開行，六日夜至新嘉坡，有居民二十萬人，中國閩廣人居十之九。自新嘉坡行一日至檳榔嶼，洋人名之碧瀾，居民十四萬，閩廣人十萬有奇。自檳榔嶼行六日，至錫蘭，自此無中國人矣。自錫蘭開行八日，至紅海。

又一日，至亞丁。紅海兩岸山皆赭色，故以爲名。自亞丁開行四日，至新開河。又三日，至地中海。又三日，至馬爾他島。又五日，至奇巴苔答。又六日，抵倫敦，即英國都城也。又云：據船主懷德言，英國總兵勒爾斯尋北極至八十三度，鑿冰行一千二百里，過冰山矗立，無路可通，凡一百四十餘日，不見日。隨行兵多病者，計窮而返，始知致病之由，以無從得水果而咎。兵部不多儲水果汁以行，仍決計再往探之，以窮竟冰海爲期。言冰上亦有居民鑿水爲屋，以雪爲門，入則封之。獵魚獸爲食，衣以鹿皮，亦薦其皮以寢。其獵魚鎚冰深至十餘丈，魚得冰竅以噓其氣，則群聚穴中，製鐵爲刃，累長竿鈎取之，用魚油爲薪，夜則然以爲燈。其居逐冰窟，遷徙以憑獵，取魚獸若蒙古之游牧然，亦窮荒之異聞也。

八月，作《本論世變論》。

九月二十九日夜，夢在予鄉玉蟾山心如墟中，與舊友吳竹溪諸君論釋氏念佛法門，諸君皆玉冠道帔，談辨微妙。窗前竹栢影蒼翠動搖，吳君復展案上《金碧龍虎經》相示，覺光氣蒨燦。予因詢李雨白、柴青士兩孝廉，知已均歸道山矣，相與感愴。夢中賦詩四韻，醒而失記，因補成之。吳君名在淇，吾鄉之善士，禪誦三十年，功行甚完固云。

　　　至人無所營，山中風日□。山色青茫茫，坐看
　白雲起。仙經鬱光彩，論說契微旨。何時覓金繩，
　覺路於焉至。

十月十三日，寄家書一封。